Cocktails

Mit und ohne Alkohol

Helmut Süss

Cocktails

Mit und ohne Alkohol

DÖRFLER
KOCHEN & GENIESSEN

Danksagung

Autor und Verlag bedanken sich besonders bei
Schott-Zwiesel-Glaswerke AG
für die Überlassung der zum Mixen verwendeten Gläser und
Firma Jacobs Großküchentechnik GmbH
für die Geräte

Fotos

Foto Atelier Riechert. Pocking: S. 7
Bacardi Rum: S. 129, 141
Reformhaus-Kochstudio: S. 131
Amselkeller Weinkellerei, Bingen: S. 133, 134, 143, 147
C. A. Kupferberg & Cie, Mainz: S. 135
H. H. Pott Nfgr. GmbH & Co, Bingen: S. 144, 145
Alle übrigen Bilder vom Fotostudio Lechner & Sailer, Nürnberg

Konzeption: Helmut Süss

2 3 4 5 7 6 5 4 3

Inhalt

Widmung

Liebe Cocktailfreunde, liebe Benutzer dieses Buches!
Um sich das Vergnügen zu gönnen, Cocktails für sich und seine Freunde zu Hause herzustellen, bedarf es einer Anleitung die vor allem auf zwei Dinge Rücksicht nimmt.
Zum Ersten auf die Tatsache, dass sich die Rezepte den Bedürfnissen von Hausbars anpassen, welche in der Regel nicht so umfangreich ausgestattet sind, wie professionelle Cocktailbars.
Zum Zweiten ist sehr wichtig, dass die Herstellung einfach nachvollziehbar und trotzdem fachlich korrekt ist.
Mit dem vorliegenden Buch gelingt es Helmut Süss nicht nur „Hobby-Kollegen" einen fachlich ausgereiften Führer für das Mixen zu Hause zur Verfügung zu stellen, sondern er bietet sowohl dem Berufsanfänger sowie erfahrenen Kollegen an der Bar ein in vielerlei Hinsicht hilfreiches und interessantes Nachschlagewerk.
Ich wünsche Ihnen viel Spaß beim Schmökern und gutes Gelingen beim Mixen Ihrer Drinks. Meinem Barmeister-Kollegen Helmut Süss gratuliere ich zu diesem gelungenen Werk und wünsche ihm weiterhin viel Erfolg.

Ralph Denkinger
Barmeister
1. Vorsitzender der Deutschen Barkeeper Union/Sektion Bayern

Wieder ist es meinem Barmeisterkollegen Helmut Süss gelungen, ein hervorragendes Buch zu schreiben.
Ich denke, es gibt wenige Kollegen, die so ein Fachwissen besitzen wie er. Nicht nur den Hobby-Mixern, sondern auch den restlichen Kollegen bis hin zum Barmeister sollte dieses Buch eine lehrreiche und interessante Lektüre sein.
Helmut Süss legt nicht nur großen Wert auf die Herstellung der Cocktails, sondern bereitet sie auch optisch wunderbar auf. Ich hoffe, dass jeder Kollege diese Ausgabe demnächst in seiner Bibliothek hat.
Ich wünsche Helmut Süss allen erdenklichen Erfolg mit diesem Buch.

Mit kollegialen Grüssen

Dr. Ralph Diehl
Amerikanischer und deutscher Barmeister
American Bartender Schools Europe
European Barworld GmbH

Vorwort

„Da brauch ich ja soviel Zeug!“ lautet die Standardantwort meiner Gäste auf die Frage, ob sie denn zu Hause auch Cocktails mixen. Dass es sich dabei nur um ein Vorurteil handelt, zeige ich Ihnen in diesem Buch.

Wie in allen bisher von mir veröffentlichten Cocktailbüchern, folge ich auch diesmal dem Anspruch meiner Gäste, Ihnen einen fachlich kompetenten, leicht nachvollziehbaren Leitfaden für Ihre Hausbar zur Verfügung zu stellen.

Aus diesem Grund habe ich die Rezepte alphabetisch nach den Spirituosen geordnet, die den Hauptbestandteil des Drinks bilden.

Auch eine Checkliste für Ihre private Cocktailparty sowie Tipps zum Nachmixen und Selbstkreieren finden Sie in diesem Buch.

Ich wünsche ihnen und Ihren Gästen viel Freude beim Mixen und Genießen Ihrer Lieblingsdrinks.

Shake well!

Ihr Helmut Süss

Hinweise zu den Rezepturen

Alle mit * gekennzeichneten Drinks sind Eigenkreationen des Autors.

Die einzelnen Rezepturen sind nach folgendem Schema aufgebaut:
Name des Drinks
Geschmacksrichtung
Art der Zubereitung
Glasempfehlung
Rezept
Beschreibung der Zubereitung und Garniturvorschlag

Bei den Garnituren handelt es sich um einfache Vorschläge, die Sie zu Hause leicht nachvollziehen können. Ihrer Phantasie seien hier keine Grenzen gesetzt.

Da Cocktails, die im Cocktailglas serviert werden, grundsätzlich kein Eis im Glas enthalten, sollte das Glas vor dem Gebrauch im Kühlschrank, Eisfach oder durch Ausschwenken mit Eiswürfeln vorgekühlt werden.

Auch wenn bei den Rezepturen nicht mehr gesondert darauf hingewiesen wird, so sollten doch alle Longdrinks grundsätzlich mit Trinkhalm serviert werden.

Maßeinheiten: Die Maßeinheiten beziehen sich immer auf einen Drink und werden wie folgt abgekürzt:
Liter = l
Zentiliter = cl (1 cl = 0,01 l)
Barlöffel = Bl (1 Bl = ca. 0,5 cl)
Eßlöffel = El
Teelöffel = Tl
Flasche = Fl.
dash = 1 Spritzer

COCKTAIL HISTORY

Woher kommt der Name „Cocktail“

Über den Ursprung des Namens „Cocktail“ – deutsch „Hahnenschwanz“ – gibt es verschiedenste Mutmaßungen. Hier zwei der bekanntesten Versionen:

„On the cocks tail“

Die noch heute in Mexiko und Südamerika beliebten, jedoch offiziell verbotenen Hahnenkämpfe waren zur Zeit der ersten Einwanderer ein besonders in den Südstaaten stattfindendes Unterhaltungsspiel.
Dem unterlegenen Hahn wurde der bunte Schwanz ausgerissen und dem Besitzer des siegreichen Hahns als Trophäe überreicht. Natürlich mußte der Sieg entsprechend gefeiert werden. Man trank, wie die Geschichte sagt, „on the cocks tail“. Später wurden die gereichten Getränke kurz Cocktail genannt.

„Vive le coq's tail“

Betsy Flanagan, eine Soldatenwitwe, unterhielt im Jahre 1779 eine Gaststätte in Yorktown, die hauptsächlich von französischen Offizieren besucht wurde. Die Franzosen liebten es, Betsy mit einem Engländer zu necken, der in der Nachbarschaft Hühner züchtete. Als Betsy eines Tages von dem Gerede genug hatte, ging sie kurzerhand zur Hühnerfarm des Nachbarn und riß den Hähnen Schwanzfedern aus. Den französischen Offizieren servierte sie darauf ein Mixgetränk, das sie, um dem Gerede über die angebliche Sympathie zu dem Engländer nun endgültig ein Ende zu machen, mit farbenprächtigen Federn dekorierte. Ein französischer Leutnant rief darauf aus: „Vive le coq's tail!“ Seither werden die Mixgetränke Cocktails genannt.

BAR HISTORY

Das heute gebräuchliche Wort Bar dürfte auf die Zeit der Kolonialisierung Amerikas zurückgehen. Die damaligen Einwohner trafen sich in Drugstores, um bei ihren Einkäufen auch ihre Erlebnisse auszutauschen. Da man dabei oft ein Gläschen (zuviel) trank, endeten die Gespräche nicht selten in einer Rauferei. Zu ihrem eigenen Schutz errichteten die Drugstore-Besitzer Barrieren – mittels eines Balkens, mit dem sie den Ladentisch und die Regalwand absperrten. Das englische Wort „bar“ bedeutet ursprünglich „Barriere“. Aus diesen Drugstores entwickelten sich später die Saloons, die in Amerika als Vorläufer der heutigen Bars gelten.

Die wichtigsten Geräte an der Hausbar

TIP

Achten Sie bereits bei der Beschaffung Ihrer Bargeräte auf die richtige Qualität, vor allem aber darauf, daß diese ausschließlich aus Silber oder rostfreiem Edelstahl gefertigt sind.

Shaker: Drinks aus schwer vermengbaren Zutaten werden im Shaker zubereitet. Man unterscheidet zwischen drei Standardausführungen:

(1) **Dreiteiliger Shaker:** Er enthält ein integriertes Sieb im Deckelaufsatz, das Eisstücke und Fruchtkerne beim Abseihen des fertigen Drinks zurückhält.
Nachteil: Der fertige Drink läuft beim Abseihen durch das integrierte Barsieb nur sehr langsam ab. Außerdem ist das Sieb sehr schwer sauber zu halten.

(2) **Zweiteiliger Shaker:** Er kommt auch in professionellen Bars zum Einsatz. Im Gegensatz zum dreiteiligen Shaker enthält er kein integriertes Barsieb. Es ist deshalb nötig, mit einem Strainer (Barsieb) zu arbeiten.

(3) **Boston Shaker:** Dieser Shaker ist dem zweiteiligen Shaker sehr ähnlich, besteht jedoch aus einem Glas und einem Metallbecher. Das Glasteil kann ebenso als Rührglas verwendet werden. Der Umgang mit diesem Gerät erfordert etwas Übung, da er bei falschem Zusammensetzen nicht richtig schließt.

(4) **Rührglas** (Mixglas): Im Rührglas werden Drinks zubereitet, welche aus Zutaten bestehen, die sich leicht vermengen.

(5) **Strainer** (Barsieb): Seinen Rand bildet eine Spiralfeder, die Eis und Fruchtstücke beim Abseihen im Shaker oder Rührglas zurückhält.

(6) **Meßbecher** (Jigger): Er dient zum Abmessen der flüssigen Zutaten von Drinks. Die meisten haben zu diesem Zweck eine Eicheinteilung von zwei und vier cl (Zentiliter).

(7) **Barlöffel:** Ein langstieliger Löffel zum Rühren von Drinks im Rührglas. An seinem oberen Stielende befindet sich meist ein kleiner Schlegel (Muddler), der zum Zerstoßen von Zuckerwürfeln, Fruchtstücken und Blättern verwendet wird.

(8) **Spritzflasche** (Bitterflasche oder Dashbottle): Wird verwendet für Angostura oder Orange Bitter, wovon man nur Spritzer oder Tropfen benötigt.

Dies sind die wichtigsten Geräte, um Drinks an Ihrer Hausbar zuzubereiten. Nachfolgend

finden Sie eine Auflistung weiterer Bargeräte. Sollten Sie zur Herstellung eines Drinks aus diesem Buch eines dieser Geräte benötigen, wird beim Rezept besonders darauf hingewiesen, bzw. ein alternatives Gerät empfohlen.

9 **Barmesser:** Es dient zum Schneiden und Aufspießen von Garnituren.

10 **Lime Squeezer** (Limetten-Presse): Zange zum Auspressen von Limettenhälften.

11 **Korkenzieher**

12 **Fruchtpresse:** Zum Auspressen von Zitrusfrüchten.

13 **Sektkühler, Eiszange**

14 **Eismühle** (Icecrusher): Zur Herstellung von Crushed ice (zerstoßenes Eis). Crushed ice läßt sich sehr leicht herstellen, indem man Eiswürfel in ein großes Geschirrtuch gibt, es zusammenfaltet und anschließend mit der flachen Seite eines Fleischklopfers oder mit einem Nudelholz vorsichtig zerschlägt.

15 **Eisschaufel:** Zum Herausnehmen von

Mixgeräte

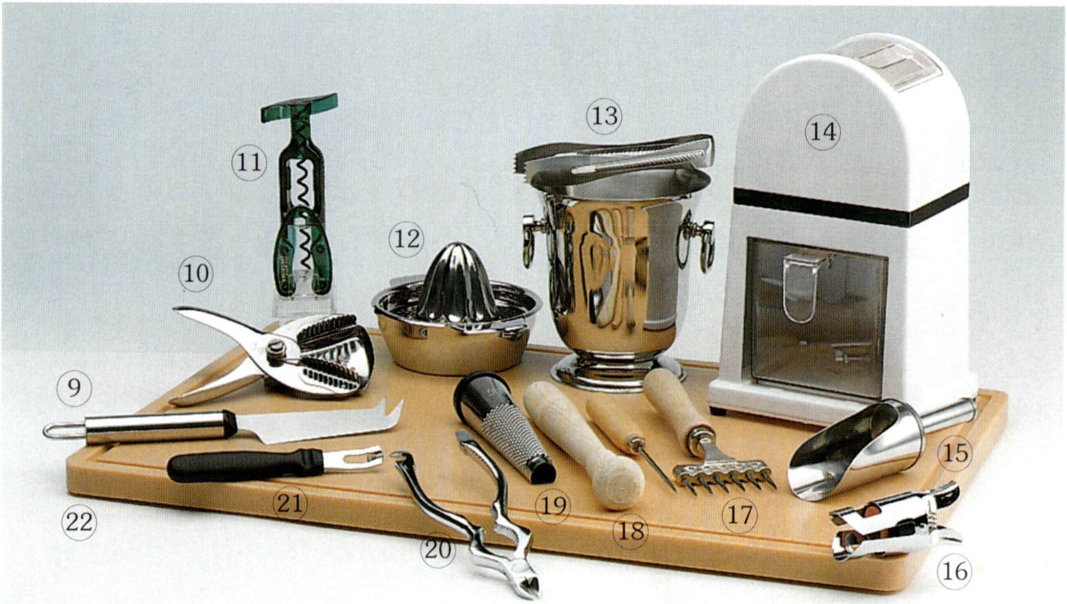

Eiswürfeln oder Crushed ice aus dem Eisbehälter.

(16) **Sekt-/Champagnerflaschenverschluß**

(17) **Eispickel/Eisstecher:** wird zum Lösen von zusammengefrorenen Eiswürfeln benutzt.

(18) **Muddler** (Mörser): Den Muddler benötigt man zur Herstellung von Drinks, bei denen ganze Fruchtstücke im Glas zerstoßen werden müssen (z. B. Caipirinha).

(19) **Muskatreibe:** Für einige Drinks benötigt man etwas geriebene Muskatnuß. Im Innenraum der Reibe läßt sich die Muskatnuß aufbewahren.

(20) **Barzange**

(21) **Zestenreißer:** Mit ihm lassen sich Spiralen aus Schalen von Zitrusfrüchten herstellen.

(22) **Schneidebrett:** Es sollte umlaufend mit einer Saftrinne versehen sein, die den beim Schneiden von Früchten austretenden Saft auffängt.

(23) **Elektrischer Mixer:** Der elektrische Mixer kann mit verschiedenen Geschwindigkeiten betrieben werden. Im Inneren des Aufsatzes befinden sich rotierende Messer. Mit diesem Gerät kann man sowohl Fruchtpürees wie auch Frozen Drinks herstellen.

(24) **Blender** (Hamilton Beach): Dieser elektrische Mixer eignet sich am besten zur Zubereitung von Drinks aus schwer vermengbaren Zutaten wie z. B. Eier, Milch, Früchte und Sahne.

Cocktailsticks: Die dünnen Stäbchen braucht man zum Zusammenstecken von Garnituren. Statt dessen können Sie ohne weiteres Holzzahnstocher verwenden.

Eismaschine: Ein elektrisch betriebenes Gerät zur Erzeugung von Würfeleis.

Trinkhalme: Viele Getränke, vor allem Longdrinks, werden mit Trinkhalmen serviert. Sie sollten auch an der Hausbar stets griffbereit sein.

TIP

Sollten Sie eine größere Menge an Eis benötigen, dann wenden Sie sich an einen Gastronomiebetrieb (Ihnen vertraute Bar, Hotel etc.) in Ihrer Nähe. Ansonsten empfehle ich Ihnen die Benutzung von Eiskugelbeuteln, die Sie ähnlich wie Frischhaltefolie im Einzelhandel erhalten.

Gläser

Die wichtigsten Gläser für Cocktails und Drinks an der Hausbar sind:

Cocktailglas: 10-16 cl

Longdrinkglas: 20-30 cl

Whiskytumbler: 15-25 cl

Südweinglas: 5-7cl

Sektglas oder Sektschale: 15-23 cl

Kleiner Whiskytumbler: 10-15 cl

ZUBEREITUNG EINES DRINKS IM SHAKER:

Nachdem Sie alle Zutaten und Arbeitsgeräte bereitgestellt haben, halten Sie sich beim Mixen bitte an folgende Arbeitsschritte:

1. Geben Sie zuerst das zum Mixen benötigte Eis in den Shaker.
2. Kühlen Sie Ihre Gläser (mit Eiswürfeln) vor.
3. Gießen Sie das Schmelzwasser aus dem Shaker durch das Barsieb (Strainer) in einen bereitgehaltenen Behälter oder in ein zusätzliches Glas ab (Bild 1).
4. Geben Sie die abgemessenen Zutaten in den Shaker und verschließen Sie ihn. Bei Shortdrinks lassen sich maximal vier, bei Longdrinks maximal zwei Portionen auf einmal mischen.
5. Halten Sie den Shaker fest in beiden Händen. Schütteln Sie kräftig vom Körper weg und hin – maximal etwa zehn Sekunden, sonst verwässert der Drink (Bild 2).
6. Entfernen Sie das zum Vorkühlen verwendete Eis aus dem Glas (bei Longdrinks genügt es, das Schmelzwasser abzugießen).
7. Öffnen Sie den Shaker und seihen Sie den Inhalt durch das Barsieb ins Gästeglas ab (Bild 3).

Achten Sie bei der Zubereitung mehrerer Drinks darauf, daß Sie die Gläser in mehreren kleinen Portionen nacheinander füllen. So wird die Flüssigkeit gleichmäßig verteilt.

ZUBEREITUNG EINES DRINKS IM RÜHRGLAS:

1. Geben Sie das zum Mixen benötigte Eis in das Rührglas (Bild 1).
2. Kühlen Sie Ihre Gläser mit Eiswürfeln vor.
3. Gießen Sie das Schmelzwasser aus dem Rührglas durch das Barsieb (Strainer) ab.
4. Geben Sie die abgemessenen Zutaten ins Rührglas (maximal vier Shortdrinks auf einmal).
5. Rühren Sie den Drink jetzt vorsichtig, aber kräftig etwa zehn Sekunden mit dem Barlöffel (Bild 2).
6. Entfernen Sie das zum Vorkühlen verwendete Eis aus dem Glas.
7. Jetzt setzen Sie das Barsieb auf das Rührglas und seihen den Drink ins Gästeglas ab (Bild 3).

Achten Sie bei der Zubereitung mehrerer Drinks darauf, daß Sie die Gläser in mehreren kleinen Portionen nacheinander füllen.
So wird die Flüssigkeit gleichmäßig verteilt.

ZUBEREITUNG EINES DRINKS DIREKT IM GÄSTEGLAS:

Drinks, die gerührt und auf Eis serviert werden, kann man auch direkt im Gästeglas zubereiten. Der Vorgang wird dann beim Rezept gesondert beschrieben. Denken Sie aber auch hier daran, das Glas kurz vorzukühlen und das Schmelzwasser vor der Zugabe der Zutaten abzugießen.

HERSTELLUNG EINES ZUCKER- ODER SALZRANDES:

1. Nehmen Sie das Glas und befeuchten Sie den Glasrand durch vorsichtiges Drehen mit einer Zitronenhälfte (Bild 1).
2. Tauchen Sie den Glasrand vorsichtig in ein bereitstehendes Gefäß mit Zucker oder Salz (Bild 2).

Mit Hilfe farbiger Sirupe und Liköre lassen sich auch bunte Zuckerränder herstellen. Sie brauchen dazu lediglich statt einer Zitrone etwas Sirup oder Likör auf einen Teller zu geben und den Glasrand leicht einzutauchen. Der Rest funktioniert wie unter Punkt 2 beschrieben.
Manche Drinks werden nach der Zubereitung wegen des Aromas mit einer Orangen- bzw. Zitronenzeste (Schalen-Spalte) abgespritzt. Verwenden Sie dazu nur gewaschenes Obst. Schneiden Sie mit dem Messer ein etwa 2 cm großes Stück von der Schalenfläche und drücken Sie es mit der Schalenoberseite über dem Drink aus. Diesen Vorgang nennt man Lemon- oder Orange twist (Bild 3).

DIE WICHTIGSTEN GRUNDREGELN DES MIXENS:

- Verwenden Sie nur Markenspirituosen und frische Zutaten.
- Mixgetränke sollten immer eiskalt und rasch serviert werden, da lauwarme Drinks fad schmecken.
- Das Eis ist ein wesentlicher Bestandteil aller Drinks. Benützen Sie auf keinen Fall wäßriges Eis, da sonst auch die Drinks wäßrig schmecken.
- Mixgetränke, die gerührt und auf Eis serviert werden, können direkt im Glas zubereitet werden.
- Drinks, die man rührt, aber ohne Eis serviert, mixt man im Rührglas und seiht sie ins Glas ab (s. auch S. 17).
- Halten Sie sich genau daran, ob im Rezept Schütteln oder Rühren angegeben ist. Geschüttelte Drinks sind trüb, gerührte klar.
- Das Schütteln oder Rühren bewirkt erstens, daß sich die Zutaten vermischen, und kühlt zweitens stark ab, ohne zu verwässern. Gerührt werden Drinks, deren Zutaten sich leicht verbinden. Geschüttelt werden Drinks, deren Zutaten sich schwer vermengen, z. B. Sahne, Milch und Eier, Sirups und Säfte. Für beides gilt: Schütteln oder rühren Sie immer kurz (maximal 10 Sekunden) und kräftig. Halten Sie den Shaker waagerecht und fest in beiden Händen und bewegen Sie ihn vom Körper weg und zu sich hin (s. auch S. 16).
- Beachten Sie bei Rezepten, die Getränke mit Kohlensäure wie Cola, Soda, Tonic Water usw. enthalten, daß Sie niemals im Shaker geschüttelt werden dürfen.
- Wenn Sie mehrere Drinks auf einmal mixen, füllen Sie die Gläser nacheinander und in mehreren kleinen Portionen auf. So verhindern Sie, daß das letzte Glas nur noch zur Hälfte gefüllt ist.
- Garnieren Sie die Drinks mit Liebe und etwas Feingefühl. Ein Drink wirkt durch eine überladene Garnitur wie ein Obstsalat. (Garnituren sollen eßbar sein!)
- Wenn Sie sich genau an die angegebenen Maßangaben halten, gelingen Ihnen Ihre Drinks auf Anhieb.
- Lernen Sie das Metier erst etwas kennen, bevor Sie sich an Eigenkreationen versuchen, und denken Sie daran, daß sich Phantasiegetränke nicht durch große Härte auszeichnen müssen.

Stinger

Süßlicher Shortdrink/
After Dinner Cocktail
Shaker
Cocktailglas

4 cl Brandy
2 cl Crème de Menthe weiß

Die Zutaten mit 5-6 Eiswürfeln im Shaker schütteln und in ein Cocktailglas abseihen.

Der Stinger ist einer der ältesten Cocktails der Welt.
Er wurde bereits im letzten Jahrhundert bei Hahnenkämpfen als Siegerdrink gereicht. „Stinger" bedeutet soviel wie schmerzhafter Schlag.

Heartbreaker*

Süßer aromatischer Shortdrink/After Dinner Cocktail
Shaker
Cocktailglas

2 cl Brandy
2 cl Galliano
1 cl Crème de Cacao weiß
2 cl Sahne

Die Zutaten mit 5-6 Eiswürfeln im Shaker schütteln und in ein Cocktailglas abseihen. Etwas geriebene Muskatnuß über den fertigen Drink streuen.

Pisco Sour

Herber aromatischer
Shortdrink
Shaker
Kleiner Whiskytumbler

4 cl Pisco
2 cl Zitronensaft
1 cl Zuckersirup
½ Eiweiß
1 dash Angostura Bitter

Die Zutaten mit 5-6 Eiswürfeln im Shaker schütteln und in einen kleinen Whiskytumbler abseihen. Mit Orange und Kirschen dekorieren.

Sidecar

Leicht herber, aromatischer Shortdrink
Shaker
Cocktailglas

2 cl Brandy
2 cl Cointreau
2 cl frischer Zitronensaft

Die Zutaten mit 5-6 Eiswürfeln im Shaker schütteln und in ein Cocktailglas abseihen.

Der „Sidecar“ wurde 1931 von Harry MacElhone in Harry's New York Bar/Paris kreiert. Angeblich war es der Lieblingsdrink eines Offiziers, der nach übermäßigem Genuß immer im Beiwagen (Sidecar) nach Hause gebracht wurde.

B&B

Kräftiger aromatischer Shortdrink/After Dinner Cocktail
Direkt im Glas
Whiskytumbler

2 cl Brandy
2 cl Bénédictine D.O.M.

Die Zutaten mit 3-4 Eiswürfeln in einen Whiskytumbler geben und kurz umrühren.

Dieser legendäre Klassiker wurde 1937 im berühmten „Club Twenty One“ in Manhattan kreiert.

Pierre Collins

Erfrischender herber Longdrink
Direkt im Glas
Longdrinkglas

4 cl Cognac
2 cl frischer Zitronensaft
1 cl Zuckersirup
10 cl Soda zum Auffüllen

Die Zutaten in einem zur Hälfte mit Crushed ice gefüllten Longdrinkglas rühren, bis sich das Glas etwas beschlägt. Mit Soda auffüllen und mit Zitronenscheibe und Kirsche dekorieren.

Black Forest*

Süßer Shortdrink/ After Dinner Cocktail
Shaker
Cocktailglas

2 cl Brandy
2 cl Kirschlikör
1 cl Crème de Cacao braun
1 cl Sahne

Die Zutaten mit 5-6 Eiswürfeln im Shaker schütteln und in ein Cocktailglas abseihen. Mit Schokostreuseln bestreuen.

Lady Love*

Süßer Shortdrink/
After Dinner Cocktail
Shaker
Cocktailglas

2 cl Brandy
2 cl Peachtree (Pfirsichlikör)
1 cl Crème de Cacao
weiß
1 dash Blue Curaçao
2 cl Sahne

Die Zutaten mit 5-6 Eiswürfeln im Shaker schütteln und in ein Cocktailglas abseihen. Etwas geriebene Muskatnuß über den fertigen Drink geben.

Cherry Blossom

Fruchtiger herber Shortdrink
Shaker
Cocktailglas

2 cl Brandy
2 cl Kirschlikör
1 cl Zitronensaft
1 cl Grenadine
1 Bl Cointreau

Die Zutaten mit 5-6 Eiswürfeln im Shaker schütteln und in ein Cocktailglas abseihen.

Brandy Zoom

Süßer Shortdrink/After Dinner Cocktail
Shaker
Cocktailglas

4 cl Brandy
2 cl Sahne
1 cl Honig

Die Zutaten mit 5-6 Eiswürfeln im Shaker schütteln und in ein Cocktailglas abseihen.

Alexander

Süßer Shortdrink/ After Dinner Cocktail
Shaker
Cocktailglas

2 cl Brandy
2 cl Crème de Cacao braun
2 cl Sahne

Die Zutaten mit 5-6 Eiswürfeln im Shaker schütteln und in ein Cocktailglas abseihen. Etwas geriebene Muskatnuß über den Drink geben.

Nikolaschka

(Mehr eine Trinkzeremonie als ein Cocktail)

Direkt im Glas
Südweinglas oder Cognacschwenker

4 cl Brandy
1 Zitronenscheibe, geschält
½ Bl Zucker
½ Bl Kaffeepulver

Den Brandy in ein Südweinglas füllen. Den Zucker und den Kaffee auf die Zitronenscheibe geben und auf das Glas mit dem Brandy legen. Man nimmt die Zitronenscheibe in den Mund, zerkaut sie und trinkt den Brandy nach.

Lumumba

Süßlicher, leicht alkoholischer Longdrink
Shaker oder elektrischer Mixer
Longdrinkglas

4 cl Brandy
10-15 cl kalter Kakao
Schlagsahne

Die Zutaten mit 4-5 Eiswürfeln im Shaker schütteln oder im Mixer 4-5 Sekunden mixen und in ein Longdrinkglas abseihen.
Schlagsahne darauf geben und etwas Schokopulver darüber streuen.

Sie können Lumumba auch mit heißem Kakao auffüllen und als Hotdrink servieren.

Brandy Flip

Aromatischer süßer
Shortdrink
Shaker
Sektglas

4 cl Brandy
1 cl Zuckersirup
1 Eigelb

Die Zutaten mit 5-6 Eiswürfeln im Shaker schütteln und in ein Sektglas abseihen. Etwas geriebene Mußkatnuß über den fertigen Drink streuen.

Apricot Fever*

Erfrischender herber
Longdrink
Shaker
Longdrinkglas

3 cl Brandy
2 cl Apricot Brandy
2 cl frischer Zitronensaft
1 cl Erdbeersirup
8 cl Orangensaft

Die Zutaten mit 5-6 Eiswürfeln im Shaker schütteln und in ein Longdrinkglas mit 3 Eiswürfeln abseihen. Mit Ananas, Kirsche und Minze dekorieren.

Brandy Julep

Erfrischender aromatischer
Longdrink
Direkt im Glas
Longdrinkglas

4 cl Brandy
2 BL Zucker
2 cl Limettensaft
1 Minzezweig
5 cl Soda zum Auffüllen

3-4 Minzblätter vom Zweig lösen und mit dem Zucker und Limettensaft im Glas zerdrücken. Das Glas $^3/_4$ mit Crushed ice füllen, den Brandy dazugeben und umrühren. Mit Soda auffüllen und mit dem Minzezweig dekorieren.

Batida Original

Kräftiger frischer Shortdrink
Direkt im Glas
Whiskytumbler

5 cl Cachaca
3 cl Limettensaft
3 Bl Honig

Die Zutaten in einem mit Crushed ice gefüllten Whiskytumbler sorgfältig verrühren (der Honig muß sich völlig auflösen) und mit Trinkhalm servieren.

„Batidas" sind nichts anderes als Longdrinks auf Cachaca-Basis.
Die Batida Original ist der Caipirinha sehr ähnlich.

Liquido Feijoada*

Erfrischender fruchtiger Longdrink
Shaker
Longdrinkglas

4 cl Cachaca
2 cl Peachtree (Pfirsichlikör)
2 cl Limettensaft
8 cl Ananassaft

Die Zutaten mit 5-6 Eiswürfeln im Shaker schütteln und in ein Longdrinkglas abseihen. Mit Ananas und Kirschen dekorieren.

Die Feijoada (sprich feschuada) ist das brasilianische Nationalgericht und besteht aus gesalzenem und getrocknetem Schweinefleisch, das mit schwarzen Bohnen, Würsten, Speck, Reis und Farofa (in Butter gedünstetes Maniokmehl) gegessen wird. Ihre Entstehung reicht – genauso wie die des Cachaca – zurück bis in die Sklavenzeit. Als die Plantagenbesitzer schlachteten, gaben sie die Abfälle (Innereien und Fleischstücke, die sie selbst nicht mochten) den Sklaven. Diese pökelten sich das Fleisch in Erdmulden und trockneten es anschließend, um es haltbar zu machen. Zu besonderen Anlässen wurde es dann wie oben beschrieben zubereitet und verzehrt.

Caipirinha

Herber kräftiger Shortdrink
Direkt im Glas
Whiskytumbler

5 cl Cachaca
1 Limette
2 Bl brauner Rohrzucker

Die Limette achteln, mit dem Zucker im Glas zerstoßen und das Glas mit Crushed ice anfüllen. Den Cachaca darüber geben, umrühren und mit 2 kurzen Trinkhalmen servieren.

Die Caipirinha ist das brasilianische Nationalgetränk. Der Name leitet sich vom portugiesischen „Caipira" (Bauer) ab und bedeutet soviel wie das Bäuerliche, Volksnahe. Über die Herstellung des dazu benötigten Cachaca finden Sie mehr in der Warenkunde. Interessant ist aber auch die geschichtliche Entwicklung dieser Spirituose. Von Missionaren lernten die brasilianischen Sklaven der Zuckerrohrplantagen die Kunst des Destillierens. Sie hatten jedoch nicht die Möglichkeit, die bei der Rumherstellung verwendete Zuckerrohrmelasse für die Maische zu benutzen, und nahmen deshalb einfach gequetschtes Zuckerrohr. Da auch die nötigen Fässer zum Lagern und Reifen den Sklaven nicht zur Verfügung standen, füllte man den gewonnenen Rauhbrand sofort nach dem Destillieren in Flaschen – wie auch heute noch.

Cabana Julep*

Fruchtiger aromatischer
Shortdrink
Direkt im Glas
Whiskytumbler

4 cl Cachaca
2 Bl brauner Zucker
2 cl Limettensaft
2 Minzzweige
5 cl Soda

Die Blätter eines Minzzweiges mit dem Zucker im Glas zerdrücken, Limettensaft und Cachaca dazugeben und mit Crushed ice auffüllen.
Mit Soda aufspritzen, nochmals umrühren und mit dem zweiten Minzzweig dekorieren.

Slummy*

Fruchtiger herber
Longdrink
Shaker
Longdrinkglas

4 cl Cachaca
3 cl Honig
2 cl Limettensaft
8 cl Maracuja-Nektar

Die Zutaten mit 5-6 Eiswürfeln im Shaker schütteln und in ein Longdrinkglas mit 3 Eiswürfeln abseihen.
Mit Limettenscheibe und Kirschen dekorieren.

Rio Liberta*

Fruchtiger herber
Longdrink
Direkt im Glas
Longdrinkglas

4 cl Cachaca
1 cl Limettensaft
Bitter Lemon zum Auffüllen

Die Zutaten mit 2-3 Eiswürfeln in ein Longdrinkglas geben, umrühren und mit Limettenscheibe dekorieren.

Batida de Banana

Süßlicher fruchtiger Longdrink
Shaker
Longdrinkglas

4 cl Cachaca
2 cl Bananensirup
(oder ½ pürierte Banane)
1 cl Sahne
8 cl Ananassaft

Die Zutaten im Shaker mit 3-4 Eiswürfeln schütteln und in ein Longdrinkglas mit 3 Eiswürfeln abseihen. Mit Ananas und Kirschen dekorieren.

Batida de Maracuja

(rechte Seite links im Bild)

Frischer herber Longdrink
Shaker
Longdrinkglas

4 cl Cachaca
1-2 cl frischer Limettensaft
2 cl Maracujasirup
8 cl Ananassaft

Die Zutaten im Shaker mit 3-4 Eiswürfeln schütteln und in ein Longdrinkglas mit 3 Eiswürfeln abseihen. Mit Ananas, Kirsche und Physalis (Kapstachelbeere) dekorieren.

Trailer's Batida*

Fruchtiger Longdrink
Shaker
Longdrinkglas

4 cl Cachaca
1 El Erdbeermus
12 cl Maracujanektar
1 cl frische Sahne

Die Zutaten mit 5-6 Eiswürfeln im Shaker schütteln und in ein Longdrinkglas mit 3 Eiswürfeln abseihen. Mit Ananasstücken, Kiwi und Kirschen dekorieren.

Cachaca ist ein brasilianischer Zuckerrohr-Branntwein, ähnlich wie weißer Rum.
Einer der bekanntesten in Europa ist Pitú.

Batida de Coco

(rechte Seite rechts im Bild)

Süßlicher fruchtiger Longdrink
Shaker
Longdrinkglas

4 cl Cachaca
2 cl Kokossirup
1 cl Sahne
8 cl Ananassaft

Die Zutaten im Shaker mit 3-4 Eiswürfeln schütteln und in ein Longdrinkglas mit 3 Eiswürfeln abseihen. Mit Ananas und Kirschen dekorieren.

Liberty

Halbtrockener aromatischer
Shortdrink
Rührglas
Cocktailglas

4 cl Calvados
2 cl weißer Rum
1 Bl Zuckersirup

Die Zutaten mit 5-6 Eiswürfeln im Rührglas verrühren und in ein Cocktailglas abseihen.

Calvados Cocktail

Fruchtiger süßlicher
Shortdrink
Shaker
Cocktailglas

3 cl Calvados
1 cl Grenadine
2 cl Orangensaft
1 dash Orange Bitter

Die Zutaten mit 5-6 Eiswürfeln im Shaker schütteln und in ein Cocktailglas abseihen.

Big Apple

Fruchtiger Shortdrink
Rührglas
Cocktailglas

3 cl Calvados
1 cl Brandy
3 cl Apfelsaft

Die Zutaten mit 5-6 Eiswürfeln im Rührglas verrühren und in ein Cocktailglas abseihen.

Apple Blossom

Halbtrockener aromatischer Shortdrink/Aperitifcocktail
Shaker
Cocktailglas

4 cl Calvados
2 cl Martini rosso
2 dashes Ananassaft
2 dashes Grenadinesirup

Die Zutaten mit 4-5 Eiswürfeln im Shaker schütteln und in ein Cocktailglas abseihen.

„Calvados“ stammt aus einem gesetzlich festgelegten Gebiet in der Normandie. Seine Basis bildet vergorener „Cidre“ (Apfelwein), der nach der Destillation zwei bis sechs Jahre in Fässern aus Eichen- oder Kastanienholz lagert.

Angel's Face

Aromatischer halbtrockener
Shortdrink/Aperitifcocktail
Shaker
Cocktailglas

2 cl Calvados
2 cl Apricot Brandy
2 cl Dry Gin

Die Zutaten mit 4-5 Eiswürfeln im Shaker schütteln und in ein Cocktailglas abseihen.

Jack Collins

Erfrischender herber
Longdrink
Direkt im Glas
Longdrinkglas

4 cl Calvados
2 cl frischer Zitronensaft
1 cl Zuckersirup
10 cl Soda zum Auffüllen

Den Calvados, den Zitronensaft und den Zuckersirup in einem zur Hälfte mit Crushed ice gefüllten Longdrinkglas verrühren, bis das Glas sich etwas beschlägt, und mit Soda auffüllen.
Mit Zitronenscheibe und Kirsche dekorieren.

Jack Rose

Aromatischer kräftiger
Shortdrink
Shaker
Cocktailglas

4 cl Calvados
1 cl Grenadine
1 cl frischer Zitronensaft

Die Zutaten mit 5-6 Eiswürfeln im Shaker schütteln und in ein Cocktailglas abseihen.

Calvados Sour

Herber aromatischer Shortdrink
Shaker
Kleiner Whiskytumbler

4 cl Calvados
2 cl frischer Zitronensaft
1 cl Zuckersirup

Die Zutaten mit 5-6 Eiswürfeln im Shaker schütteln und in einen kleinen Whiskytumbler abseihen. Mit Orangenspalte und Kirschen dekorieren.

Campari Cocktail

Trockener kräftiger Shortdrink/Aperitif
Shaker
Cocktailglas

3 cl Campari
2 cl Wodka
1 dash Angostura

Die Zutaten mit 4-5 Eiswürfeln im Shaker schütteln und in ein Cocktailglas abseihen. Mit Orangenschale abspritzen.

Negroni

Halbtrockener kräftiger Shortdrink/Aperitif
Direkt im Glas
Whiskytumbler

2 cl Campari
2 cl Martini rosso
2 cl Gin

Die Zutaten auf 4-5 Eiswürfeln im Whiskytumbler verrühren und eine Orangenspalte dazugeben.

Dieser Drink stammt höchstwahrscheinlich aus der Florentiner Bar „Cafè Giacosa" und geht auf den Grafen Camillo Negroni zurück, der Anfang 1900 seinen „Americano" immer mit 2 cl Gin ergänzen ließ.

Aperol Sour

Fruchtiger Longdrink
Shaker
Longdrinkglas

4 cl Aperol
2 cl frischer Zitronensaft
10 cl Orangensaft

Die Zutaten mit 5-6 Eiswürfeln im Shaker schütteln, in ein Longdrinkglas mit 3 Eiswürfeln abseihen und mit einer Orangenspalte dekorieren.

Americano

Halbtrockener Longdrink/
Aperitif
Direkt im Glas
Longdrinkglas

3 cl Campari
3 cl Martini rosso
10 cl Soda zum Auffüllen

Die Zutaten mit 3 Eiswürfeln in ein Longdrinkglas geben, mit Soda auffüllen und mit Orangenschale abspritzen. Kirsche dazugeben.

Capri*

Aromatischer fruchtiger
Longdrink
Shaker
Longdrinkglas

2 cl Aperol oder Campari
2 cl Apricot Brandy
1 cl frischer Zitronensaft
10 cl Orangensaft

Die Zutaten mit 5-6 Eiswürfeln im Shaker schütteln und in ein Longdrinkglas abseihen. Mit Orangenspirale (Schale) dekorieren.

C&C

Trockener Champagnercocktail/Aperitif
Direkt im Glas
Sektglas

3 cl Campari
Champagner

Campari mit trockenem, eiskaltem Champagner auffüllen und mit einer Orangenschale abspritzen.

Campari Tonic

Erfrischender aromatischer
Longdrink/Aperitif
Direkt im Glas
Longdrinkglas

4 cl Aperol oder Campari
10 cl Tonic Water

Campari mit 3 Eiswürfeln in ein Longdrinkglas geben und mit Tonic Water auffüllen.

Caspare Aperol Collins*

Erfrischender herber Longdrink
Direkt im Glas
Longdrinkglas

4 cl Aperol oder Campari
2 cl frischer Zitronensaft
1 cl Zuckersirup
10 cl Soda zum Auffüllen

Die Zutaten in einem zur Hälfte mit Crushed ice gefüllten Longdrinkglas verrühren, bis sich das Glas etwas beschlägt, und mit Soda auffüllen.
Mit Zitronenscheibe und Kirsche dekorieren.

Paradise

Fruchtiger, leicht süßer Shortdrink
Shaker
Cocktailglas

2 cl Gin
2 cl Apricot Brandy
2 cl Orangensaft

Die Zutaten mit 4-5 Eiswürfeln im Shaker schütteln und in ein Cocktailglas abseihen.

Singapore Sling

(Originalrezept Ngiang Tong Boon, Writers Bar, Raffles Hotel, Singapore, 1915)

Erfrischender herber Longdrink
Shaker
Longdrinkglas

3 cl Gin
3 cl Cherry Heering (Kirschlikör)
2 cl frischer Limettensaft
1 dash Cointreau
1 dash Bénédictine D.O.M.
3 Tropfen Angostura
8-10 cl Ananassaft

Die Zutaten im Shaker mit 4-5 Eiswürfeln schütteln und in ein Longdrinkglas mit 3 Eiswürfeln abseihen. Mit Mangospalte und Kirschen dekorieren.

Blue Devil

Herber Shortdrink
Shaker
Cocktailglas

3 cl Gin
2 cl Zitronensaft
1 Bl Maraschino
1 Bl Blue Curaçao

Die Zutaten mit 5-6 Eiswürfeln im Shaker schütteln und in ein Cocktailglas abseihen.

Martini Cocktail

Der „Dry Martini“

Trockener Shortdrink/
Aperitifcocktail
Shaker
Cocktailglas

5 cl Gin
1 cl trockener Vermouth
(z. B. Noilly Prat oder
Martini extra dry)

Die Zutaten auf 5-6 Eiswürfeln mit dem Barlöffel im Rührglas verrühren und in ein Cocktailglas abseihen. Ein Stück Zitronenscheibe über dem fertigen Drink ausdrücken und eine grüne Olive mit Stein dazugeben.

Werden statt der Olive Perlzwiebeln zu diesem Drink gereicht, nennt man ihn „Gibson“. Der „Dry Martini“ ist einer der berühmtesten und meistgetrunkenen Cocktails der Welt. Allein in den USA werden jährlich über eine Milliarde Martinis getrunken. Über die Entstehung dieses Drinks gibt es eine Vielzahl von Geschichten ohne reellen Bezug zur Wirklichkeit. Was jedoch wahrscheinlich klingt, ist, daß sich der Name nicht vom gleichnamigen Vermouth sondern von einem Barkeeper mit Namen Martinez ableitet. Dessen Rezept hat mit dem heute bekannten und von Jerry Thomas (USA), in dessen Cocktailbuch 1862 erstmals erwähnten Cocktail nichts mehr gemeinsam.

Royal Chi Chi*

Fruchtiger Longdrink
Shaker
Longdrinkglas

4 cl Gin
1 cl frischer Zitronensaft
3 cl Kokosnußcreme
10 cl Ananassaft

Die Zutaten mit 5-6 Eiswürfeln im Shaker schütteln und in ein Longdrinkglas mit 3 Eiswürfeln abseihen. Mit Ananasstücken, Kirschen und Ananasblättern dekorieren.

Bronx

Halbtrockener aromatischer
Shortdrink/Aperitifcocktail
Shaker
Cocktailglas

2 cl Gin
2 cl Orangensaft
1 cl Martini rosso
1 cl Martini extra dry

Die Zutaten mit 5-6 Eiswürfeln im Shaker schütteln und in ein Cocktailglas abseihen.

Sandyman*

Fruchtiger herber
Longdrink
Shaker
Longdrinkglas

3 cl Gordon's Dry Gin
2 cl Kontiki Red Orange (Bols)
1-2 cl Erdbeersirup
2 cl frischer Zitronensaft
10 cl Ananassaft

Die Zutaten mit 5-6 Eiswürfeln im Shaker schütteln und in ein Longdrinkglas mit 3 Eiswürfeln abseihen. Mit frischen Erdbeeren garnieren.

Orange Blossom

Fruchtiger Shortdrink/
Aperitifcocktail
Shaker
Cocktailglas

3 cl Gin
3 cl frischer Orangensaft

Die Zutaten mit 4-5 Eiswürfeln im Shaker schütteln und in ein Cocktailglas abseihen.

Gin Fizz

Erfrischender aromatischer
Longdrink
Shaker
Whiskytumbler

4 cl Gin
2 cl Zitronensaft
1 cl Zuckersirup
5 cl Soda zum Auffüllen

Die Zutaten mit 4-5 Eiswürfeln im Shaker schütteln und in einen Whiskytumbler mit 3-4 Eiswürfeln abseihen. Mit Soda auffüllen und mit Zitronenscheibe dekorieren.

Zwei französische Barkeeper, die den „Gin Fizz" erfunden haben, sollen sich mit ihm in Amerikas goldener Barzeit ein Vermögen zusammengeschüttelt haben. „Fizzy" bedeutet im Englischen sprudelnd, zischend.

Tom Collins

Erfrischender herber
Longdrink
Direkt im Glas
Longdrinkglas

4 cl Gin
2 cl Zitronensaft
1 cl Zuckersirup
10 cl Soda

Die Zutaten in einem zur Hälfte mit Crushed ice gefüllten Longdrinkglas verrühren, bis sich das Glas etwas beschlägt. Mit Soda auffüllen und mit Zitronenscheibe und Kirsche dekorieren. Mit Trinkhalm servieren.

Papagallo*

Erfrischender fruchtiger
Longdrink
Shaker
Longdrinkglas

3 cl Gin
3 cl Peachtree (Pfirsichlikör)
1 cl Blue Curaçao
1 cl frischer Zitronensaft
8 cl Ananassaft

Die Zutaten mit 4-5 Eiswürfeln im Shaker schütteln und in ein Longdrinkglas mit 3 Eiswürfeln abseihen. Mit Ananasstück, Physalis (Kapstachelbeere) und Kirsche dekorieren.

Pink Lady

Fruchtiger herber
Shortdrink
Shaker
Cocktailglas

4 cl Gin
2 cl frischer Zitronensaft
1 cl Grenadine
$1/2$ Eiweiß

Die Zutaten mit 4-5 Eiswürfeln im Shaker schütteln und in ein Cocktailglas abseihen.

Der Name Gin leitet sich ebenso wie der holländische Genever vom französischen „genièvre“ (Wacholder) ab. Seine Basis bilden Gersten- und Roggenmalz, ergänzt mit dem Aroma des Wacholders.

Gin Sling

Fruchtiger frischer Longdrink
Direkt im Glas
Longdrinkglas

4 cl Gin
2 cl Cherry Heering
1 cl frischer Zitronensaft
1 Bl Bénédictine D.O.M.
10 cl Soda zum Auffüllen

Die Zutaten außer dem Bénédictine mit 3-4 Eiswürfeln im Longdrinkglas verrühren, mit Soda auffüllen und nochmals umrühren. Jetzt den Bénédictine über den fertigen Drink geben und mit Zitronenscheibe und Kirsche dekorieren.

Gin Sour

Herber aromatischer Shortdrink
Shaker
Kleiner Whiskytumbler

4 cl Gin
2 cl Zitronensaft
1 cl Zuckersirup

Die Zutaten mit 5-6 Eiswürfeln im Shaker schütteln und in einen kleinen Whiskytumbler abseihen. Mit Orange und Kirschen dekorieren.

Lady Killer

Rezept: Peter Roth, Kronhallenbar, Zürich

Fruchtiger Longdrink
Shaker
Longdrinkglas

3 cl Gordon's Dry Gin
1,5 cl Cointreau
1,5 cl Apricot Brandy
4,5 cl Maracuja-Nektar
4,5 cl Ananassaft

Die Zutaten mit 5-6 Eiswürfeln im Shaker schütteln und in ein Longdrinkglas mit 3 Eiswürfeln abseihen. Mit grüner Mirabelle, Minze und Orangenspirale dekorieren.

My Way*

Erfrischender fruchtiger Longdrink
Shaker
Longdrinkglas

2 cl Gordon's Dry Gin
2 cl Amaretto di Saronno
1,5 cl frischer Zitronensaft
1 cl Grenadine
10 cl Orangensaft

Die Zutaten mit 4-5 Eiswürfeln im Skaker schütteln und in ein Longdrinkglas mit 3 Eiswürfeln abseihen. Mit Melone, Physalis (Kapstachelbeere) und Kirsche dekorieren.

White Lady

Herber kräftiger Shortdrink
Shaker
Cocktailglas

2 cl Gin
2 cl Cointreau
2 cl Zitronensaft

Die Zutaten im Shaker mit 4-5 Eiswürfeln schütteln und in ein Cocktailglas abseihen.

Dieser Drink wurde 1919 von Harry MacElhone im „Ciro's Club", London, kreiert und enthielt ursprünglich weißen Pfefferminzlikör statt Gin. 1929 änderte er es selbst und verwendete Gin.

Alabama Fizz

Frischer herber Longdrink
Shaker
Whiskytumbler

4 cl Gin
2 cl frischer Zitronensaft
1 cl Zuckersirup
2 dashes Pfefferminzlikör grün
5 cl Soda zum Auffüllen

Die Zutaten mit 4-5 Eiswürfeln im Shaker schütteln und in einen Whiskytumbler mit 3 Eiswürfeln abseihen. Soda dazugeben und mit Zitronenscheibe dekorieren.

Red Lion

Fruchtiger herber Shortdrink
Shaker
Cocktailglas

2 cl Gin
2 cl Grand Marnier Gordon Rouge
1 cl Orangensaft
1 cl Zitronensaft
1 ds Grenadinesirup

Die Zutaten im Shaker mit 4-5 Eiswürfeln schütteln und in ein Cocktailglas mit Zuckerrand abseihen.

Ein Zuckerrand läßt sich leicht herstellen. Befeuchten Sie den Glasrand mit einer Zitronenhälfte und tauchen Sie ihn anschließend in Zucker ein. Leicht abklopfen, damit der überschüssige Zukker abfällt. Fertig. Auch farbige Zuckerränder lassen sich leicht herstellen, indem man den Glasrand in eine farbige Flüssigkeit (z.B. Blue Curaçao oder Grenadinesirup) taucht, anstatt ihn mit der Zitronenhälfte zu befeuchten.

Pimm's Cup N°1

Frischer aromatischer Longdrink/Aperitifdrink
Direkt im Glas
Longdrinkglas

4 cl Pimm's Cup N°1
Ginger Ale zum Auffüllen

Den Pimm's in ein Longdrinkglas mit 3-4 Eiswürfeln füllen und mit Ginger Ale auffüllen. Mit Kirschen-, Orangen-, Zitronen-, und Gurkenscheibe dekorieren.

Pimm's Cup N°1 ist ein Aperitif auf Gin und Kräuterbasis.

Cherry Grande*

Erfrischender herber Longdrink
Shaker
Longdrinkglas

4 cl Kirschlikör
2 cl frischer Zitronensaft
1 cl Grenadine
8 cl Orangensaft

Die Zutaten mit 5-6 Eiswürfeln im Shaker schütteln und in ein Longdrinkglas mit 3 Eiswürfeln abseihen.
Mit Orange und Kirschen dekorieren.

Peach Sour

Erfrischender herber Longdrink
Shaker
Longdrinkglas

4 cl Peachtree (Pfirsichlikör)
2 cl frischer Zitronensaft
10 cl Orangensaft

Die Zutaten mit 5-6 Eiswürfeln im Shaker schütteln und in ein Longdrinkglas mit 3 Eiswürfeln abseihen.
Mit Orange, Kirsche und Physalis (Kapstachelbeere) dekorieren.

Kontiko*

Fruchtiger herber Longdrink
Shaker
Longdrinkglas

4 cl Kontiki Red Orange
2 cl frischer Limettensaft
5 cl Orangensaft
5 cl Ananassaft

Die Zutaten mit 5-6 Eiswürfeln im Shaker schütteln und in ein Longdrinkglas mit 3 Eiswürfeln abseihen. Mit Ananas und Kirschen dekorieren.

Saronno Light*

Erfrischender herber
Longdrink
Shaker
Longdrinkglas

4 cl Amaretto di Saronno
2 cl frischer Zitronensaft
10 cl Orangensaft

Die Zutaten mit 5-6 Eiswürfeln im Shaker schütteln und in ein Longdrinkglas mit 3 Eiswürfeln abseihen. Mit Mangospalte, Limette und Kirsche dekorieren.

Milli Vanilli*

Fruchtiger Longdrink
Shaker
Longdrinkglas

4 cl Galliano
2 cl frischer Zitronensaft
10 cl Orangensaft

Die Zutaten mit 5-6 Eiswürfeln im Shaker schütteln und in ein Longdrinkglas mit 3 Eiswürfeln abseihen. Mit Orange, Kirsche und Physalis (Kapstachelbeere) dekorieren.

Amaretto Cooler

(kreiert von Hans Stallinger, Vizepräsident der Österreichischen Barkeeper Union)

Fruchtiger herber Longdrink
Shaker
Longdrinkglas

3 cl Amaretto
2 cl Bourbon Whiskey
2 cl frischer Zitronensaft
4 cl Orangensaft
8 cl Grapefruitsaft

Die Zutaten mit 5-6 Eiswürfeln im Shaker schütteln und in ein Longdrinkglas mit 3 Eiswürfeln abseihen. Mit Orange und Kirschen dekorieren.

Cool Down

(Hans Sobotta/DBU)

Sehr erfrischender Longdrink
Shaker
Longdrinkglas

2 cl Peachtree
2 cl Kontiki Red Orange
2 cl frischer Zitronensaft
10 cl Tonic Water zum Auffüllen

Die Zutaten mit 5-6 Eiswürfeln im Shaker schütteln und in ein Longdrinkglas mit 3 Eiswürfeln abseihen. Mit Tonic Water auffüllen und mit Orange und Kirsche dekorieren.

Crazy Guy*

Erfrischender herber Longdrink
Shaker
Longdrinkglas

4 cl Apricot Brandy
2 cl frischer Zitronensaft
10 cl Orangensaft

Die Zutaten mit 5-6 Eiswürfeln im Shaker schütteln und in ein Longdrinkglas mit 3 Eiswürfeln abseihen. Mit Ananas und Kirschen dekorieren.

Golden Cadillac

Süßer Shortdrink/
After Dinner Cocktail
Shaker
Cocktailglas

2 cl Galliano
2 cl Crème de Cacao
weiß
2 cl Sahne

Die Zutaten mit 5-6 Eiswürfeln im Shaker schütteln und in ein Cocktailglas abseihen.

Comfort Sour

Fruchtiger herber Short-drink
Shaker
Whiskytumbler

4 cl Southern Comfort
3 cl Zitronensaft
2 cl Orangensaft

Die Zutaten mit 5-6 Eiswürfeln im Shaker schütteln und in einen Whiskytumbler abseihen. Mit Orange und Kirsche dekorieren.

Highland Cream*

Süßer Longdrink
Shaker
Longdrinkglas

4 cl Crème de Cacao
1 cl Sahne
10 cl Orangensaft
1 cl Granadine

Die Zutaten mit 5-6 Eiswürfeln im Shaker schütteln und in ein Longdrinkglas mit 3 Eiswürfeln abseihen. Mit Orangenspalte und Kirsche dekorieren.

Velvet Hammer

Süßer Shortdrink/After Dinner Cocktail
Shaker
Cocktailglas

2 cl Tia Maria (Kaffeelikör)
2 cl Cointreau
2 cl Sahne

Die Zutaten mit 5-6 Eiswürfeln im Shaker schütteln und in ein Cocktailglas abseihen.

Grasshopper

*Süßer Shortdrink/
After Dinner Cocktail
Shaker
Cocktailglas*

2 cl Crème de Cacao weiß
2 cl Pfefferminzlikör grün
2 cl Sahne

Die Zutaten mit 5-6 Eiswürfeln im Shaker schütteln und in ein Cocktailglas abseihen.

Apricot Cooler

*Leicht herber, fruchtiger Longdrink
Direkt im Glas
Longdrinkglas*

4 cl Apricot Brandy
2 cl frischer Zitronensaft
1 Bl Grenadine
10 cl Ginger Ale zum Auffüllen

Die Zutaten mit 3 Eiswürfeln im Longdrinkglas verrühren und mit Ginger Ale auffüllen. Mit Zitronenscheibe dekorieren.

Golden Dream

*Süßer Shortdrink/
After Dinner Cocktail
Shaker
Cocktailglas*

1,5 cl Cointreau
1,5 cl Galliano
1,5 cl Orangensaft
1,5 cl Sahne

Die Zutaten mit 5-6 Eiswürfeln im Shaker schütteln und in ein Cocktailglas abseihen.

Cherry Bliss*

Süßer aromatischer Short-drink/After Dinner Cocktail
Shaker
Cocktailglas

2 cl Kirschlikör
2 cl Crème de Cacao weiß
1 cl Kirschwasser
1 cl frische Sahne

Die Zutaten mit 5-6 Eiswürfeln im Shaker schütteln und in ein Cocktailglas abseihen. Etwas Schokopulver auf den fertigen Drink streuen und ein Minzblatt darauf legen.

Apricana*

Fruchtiger süßer Longdrink
Shaker
Longdrinkglas

4 cl Aprikosenlikör
1 cl Sahne
1 cl Erdbeersirup
10 cl Orangensaft

Die Zutaten mit 5-6 Eiswürfeln im Shaker schütteln und in ein Longdrinkglas mit 3 Eiswürfeln abseihen. Mit Erdbeere und Orangenspalte dekorieren.

Mandero*

Fruchtiger süßer Longdrink
Shaker
Longdrinkglas

3 cl Amaretto
1 cl Sahne
6 cl Orangensaft
6 cl Ananassaft

Die Zutaten mit 5-6 Eiswürfeln im Shaker schütteln und in ein Longdrinkglas mit 3 Eiswürfeln abseihen. Mit Orangenscheibe und Kirschen dekorieren.

King Alfons

Süßer Shortdrink/After Dinner Drink
Direkt im Glas
Cocktailglas

4 cl Kaffeelikör (gekühlt)
2 cl leicht abgeschlagene Sahne

Den Likör in ein Cocktailglas füllen und die Sahne vorsichtig daraufgeben.

Honolulu Juicer

Fruchtiger Longdrink
Shaker
Longdrinkglas

4 cl Southern Comfort
2 cl brauner Jamaika-Rum
2 cl frischer Zitronensaft
2 cl Rose's Lime Juice
1 Bl Zuckersirup
8 cl Ananassaft

Die Zutaten mit 5-6 Eiswürfeln im Shaker schütteln und in ein Longdrinkglas abseihen. Mit Limette, Kumquat und Kirsche dekorieren.

Peach Shadow

Fruchtig-süßlicher Longdrink
Shaker
Longdrinkglas

4 cl Peachtree (Pfirsichlikör)
2 cl Maracujasirup
1 cl Erdbeersirup
1 cl frische Sahne
10 cl Ananassaft

Die Zutaten mit 5-6 Eiswürfeln im Shaker schütteln und in ein Longdrinkglas mit 3 Eiswürfeln abseihen. Mit Ananasstück, Kiwi und Kirschen dekorieren.

Slippery Nipple

Süßer Shortdrink
Direkt im Glas
Südweinglas

2 cl Sambuca (gekühlt)
2 cl Bailey's Irish Cream

Die Zutaten in der angegebenen Reihenfolge vorsichtig ins Glas geben. Die Zutaten sollen sich nicht vermischen.

Amaretto Apfelsaft

Aromatischer Longdrink
Direkt im Glas
Longdrinkglas

4 cl Amaretto
15 cl Apfelsaft

Die Zutaten mit 3 Eiswürfeln im Longdrinkglas verrühren und servieren.

B 52

Kräftiger Shortdrink
Direkt im Glas
Südweinglas

1 cl Kahlùa (Kaffeelikör)
3 cl Bailey's Irish Cream
2 cl Jamaika-Rum (73 %)

Die Zutaten in der angegebenen Reihenfolge ins Glas geben, den Rum anzünden und brennend servieren.

V.W.

Halbtrockener aromatischer Shortdrink/Aperitif
Rührglas
Cocktailglas

3 cl Williams
3 cl Martini bianco

Die Zutaten mit 5-6 Eiswürfeln im Rührglas rühren und in ein Cocktailglas abseihen.

Rose

Halbtrockener aromatischer Shortdrink/Aperitif
Rührglas
Cocktailglas

2 cl Kirschwasser
4 cl Martini extra dry
1 Bl Erdbeersirup
(Original mit Rosensirup)

Die Zutaten mit 4-5 Eiswürfeln im Rührglas rühren und in ein Cocktailglas abseihen.

Second Line

(kreiert von
Hans Sobotta/DBU)

Fruchtiger herber Longdrink
Shaker
Longdrinkglas

2 cl Kirschwasser
2 cl brauner Jamaika-Rum
2 cl frischer Zitronensaft
1 cl Grenadine
10 cl Ananassaft

Die Zutaten mit 5-6 Eiswürfeln im Shaker schütteln und in ein Longdrinkglas mit 3 Eiswürfeln abseihen. Mit Ananas und Kirschen dekorieren.

Cheer Leader*

Fruchtiger Longdrink
Shaker
Longdrinkglas

3 cl Williams
1 cl Kirschlikör
1 cl Grenadine
2 cl frischer Zitronensaft
10 cl Orangensaft

Die Zutaten mit 5-6 Eiswürfeln im Shaker schütteln und in ein Longdrinkglas abseihen. Mit Orange und Kirschen dekorieren.

German Fizz

Aromatischer herber Longdrink
Shaker
Whiskytumbler

4 cl Steinhäger
2 cl Zitronensaft
1 cl Zuckersirup
5 cl Soda zum Auffüllen

Die Zutaten mit 5-6 Eiswürfeln im Shaker schütteln und in einen Whiskytumbler mit 3 Eiswürfeln abseihen.
Mit Soda auffüllen und mit Zitronenscheibe dekorieren.

Raspberry Float*

Sehr aromatischer fruchtiger Longdrink
Direkt im Glas
Longdrinkglas

3 cl Himbeergeist
1 cl frischer Zitronensaft
15 cl Orangensaft
1 cl Erdbeersirup

Die Zutaten außer dem Erdbeersirup mit 3 Eiswürfeln im Longdrinkglas verrühren, dann den Erdbeersirup mit einer kreisenden Bewegung langsam darüber laufen lassen. Mit Orangenscheibe und Himbeere dekorieren.

Cherry Field*

Fruchtiger süßer Longdrink
Shaker
Longdrinkglas

2 cl Kirschwasser
2 cl Kirschlikör
10 cl Orangensaft
1 cl Sahne

Die Zutaten mit 5-6 Eiswürfeln im Shaker schütteln und in ein Longdrinkglas mit 3 Eiswürfeln abseihen.
Mit Kirschen dekorieren.

Williams Sour

Herber aromatischer
Shortdrink
Shaker
Kleiner Whiskytumbler

4 cl Williams
2 cl frischer Zitronensaft
1 cl Zuckersirup

Die Zutaten mit 5-6 Eiswürfeln im Shaker schütteln und in einen kleinen Whiskytumbler abseihen.
Mit Orange und Kirschen dekorieren.

Red Velvet*

Fruchtiger aromatischer Longdrink
Shaker
Longdrinkglas

2 cl Himbeergeist
2 cl Southern Comfort
1 cl Grenadine
1 cl frischer Zitronensaft
10 cl Orangensaft

Die Zutaten mit 5-6 Eiswürfeln im Shaker schütteln und in ein Longdrinkglas mit 3-4 Eiswürfeln abseihen. Mit Melone, Kirsche und Minzblatt dekorieren.

Mai Tai

Sehr kräftiger, leicht herber Longdrink
Shaker
Longdrinkglas

3 cl brauner Jamaika-Rum
3 cl weißer Rum
1 cl brauner Jamaika-Rum (73 %)
2 cl Curaçao triple sec (oder Cointreau)
2 cl Mandelsirup
Saft einer Limette (3-4 cl)

Die Zutaten im Shaker mit 5-6 Eiswürfeln schütteln und in ein Longdrinkglas abseihen. Den Drink im Glas vollständig mit Crushed ice auffüllen und mit Limettenscheibe und Kirschen dekorieren.

Als eines Abends zwei Geschäftsleute seine Bar betraten, orderten sie bei Victor Bergeron einen Drink nach seiner Wahl. Als er ihnen den Drink servierte und sich schließlich erkundigte, wie er denn schmeckte, antworteten die beiden in ihrer Heimatsprache „mai tai roa eh" was soviel bedeutete wie „sehr gut, nicht von dieser Welt". Bergeron nannte den Drink Mai Tai und wurde später als Gründer der „Trader Vic's" Restaurants berühmt.

Bahama Mama

Fruchtig-frischer Longdrink
Shaker
Longdrinkglas

2 cl weißer Rum
2 cl brauner Jamaika-Rum
1 cl Maraschino
1 cl Grenadine
10 cl Orangensaft

Die Zutaten mit 5-6 Eiswürfeln im Shaker schütteln und in ein Longdrinkglas mit 3 Eiswürfeln abseihen. Mit Orangenspalte und Kirschen dekorieren.

Scorpion

Starker, leicht herber Longdrink
Shaker
Longdrinkglas

3 cl brauner Jamaika-Rum
2 cl weißer Rum
2 cl Brandy
1 cl Curaçao triple sec
2 cl Limettensaft
4 cl Orangensaft

Die Zutaten mit 5-6 Eiswürfeln im Shaker schütteln und in ein Longdrinkglas abseihen. Den Drink völlig mit Crushed ice auffüllen und mit Orangenspalte und Kirschen dekorieren.

Rum Sour

Herber aromatischer Shortdrink
Shaker
Kleiner Whiskytumbler

4 cl brauner Rum
2 cl frischer Zitronensaft
1 cl Zuckersirup

Die Zutaten mit 5-6 Eiswürfeln im Shaker schütteln und in einen Whiskytumbler abseihen. Mit Orangenspalte und Kirsche dekorieren.

Rum Collins

Erfrischender herber Longdrink
Direkt im Glas
Longdrinkglas

4 cl brauner Jamaika-Rum
2 cl frischer Zitronensaft
1 cl Zuckersirup
10 cl Soda zum Auffüllen

Die Zutaten in einem bis zur Hälfte mit Crushed ice gefüllten Longdrinkglas verrühren, bis sich das Glas etwas beschlägt. Mit Zitronenscheibe und Kirsche dekorieren.

Daiquiri

Frischer kräftiger
Shortdrink
Shaker
Cocktailglas

5 cl weißer Rum
1 cl frischer Limettensaft
1 cl Zuckersirup

Die Zutaten mit 5-6 Eiswürfeln im Shaker schütteln und in ein Cocktailglas abseihen.

Rum Fizz

Herber, aromatischer Longdrink
Shaker
Whiskytumbler

4 cl weißer Rum
2 cl frischer Zitronensaft
1 cl Zuckersirup
5 cl Soda zum Auffüllen

Die Zutaten mit 5-6 Eiswürfeln im Shaker schütteln und in einen Whiskytumbler mit 3 Eiswürfeln abseihen. Mit Soda auffüllen und mit einer Zitronenscheibe dekorieren.

Pedro Collins

Erfrischender herber Longdrink
Direkt im Glas
Longdrinkglas

4 cl weißer Rum
2 cl frischer Zitronensaft
1 cl Zuckersirup
10 cl Soda

Den Rum, Zitronensaft und Zuckersirup in einem zur Hälfte mit Crushed ice gefüllten Longdrinkglas mit dem Barlöffel verrühren, bis sich das Glas etwas beschlägt.
Mit Soda auffüllen und mit Zitronenscheibe und Kirsche dekorieren.
Mit Trinkhalm servieren.

Filou*

Fruchtiger Longdrink
Shaker
Longdrinkglas

3 cl brauner Jamaika-Rum
2 cl Amaretto di Saronno
1 cl Erdbeersirup
2 cl frischer Zitronensaft
8 cl Ananassaft

Die Zutaten mit 3-4 Eiswürfeln im Shaker schütteln und in ein Longdrinkglas mit 3 Eiswürfeln abseihen.
Mit Ananas, Kirsche und Physalis (Kapstachelbeere) dekorieren.

Swimming Pool

Fruchtig-süßer Longdrink
Shaker
Longdrinkglas

2 cl weißer Rum
2 cl Wodka
2 cl frische Sahne
2 cl Kokossirup
8 cl Ananassaft
1 cl Blue Curaçao

Die Zutaten außer dem Blue Curaçao mit 5-6 Eiswürfeln im Shaker schütteln und in ein Longdrinkglas mit 3 Eiswürfeln abseihen. Den Blue Curaçao darüber geben und mit Mangospalte und Minzblatt dekorieren.

Pina Colada

Süßlicher fruchtiger Longdrink
Shaker
Longdrinkglas

4 cl brauner Jamaika-Rum
3 cl Kokosnußcreme
1 cl frische Sahne
8 cl Ananassaft

Die Zutaten mit 3-4 Eiswürfeln im Shaker schütteln und in ein Longdrinkglas mit 3 Eiswürfeln abseihen. Mit Ananas und Kirschen dekorieren.

Bacardi Cocktail

Frischer herber Shortdrink
Shaker
Cocktailglas

4 cl Bacardi Rum
2 cl frischer Limettensaft
1 cl Grenadine

Die Zutaten im Shaker schütteln und in ein Cocktailglas abseihen.

Pink Palace

Fruchtiger süßer Longdrink
Shaker
Longdrinkglas

3 cl weißer Rum
3 cl Grand Marnier Gordon Rouge
2 cl Kokossirup
1 cl frische Sahne
1 cl frischer Zitronensaft
2 cl Grenadine
6 cl Ananassaft

Die Zutaten mit 5-6 Eiswürfeln im Shaker schütteln und in ein Longdrinkglas mit 3 Eiswürfeln abseihen. Mit Ananas und Kirschen dekorieren.

Zombie

Sehr starker Longdrink!
Shaker
Longdrinkglas

6 cl weißer Rum
2 cl brauner Jamaika-Rum
2 cl brauner Jamaika-Rum (73 %)
2 cl Kirschlikör
4 cl frischer Zitronensaft
1 cl Grenadine
2 cl Blutorangensaft

Die Zutaten im Shaker mit 6-8 Eiswürfeln schütteln und in ein Longdrinkglas abseihen. Den Drink völlig mit Crushed ice auffüllen und kurz umrühren. Trinkhalm dazugeben und mit Orangenscheibe und Kirschen dekorieren.

La Floridita Daiquiri

Frischer herber Shortdrink
Shaker
Cocktailglas

5 cl weißer Rum
1 cl frischer Limettensaft
1 cl Zuckersirup
1 dash Maraschino

Die Zutaten mit 5-6 Eiswürfeln im Shaker schütteln und in ein Cocktailglas abseihen.

Sloppy Joe's Cocktail

Frischer aromatischer Shortdrink
Shaker
Cocktailglas

2 cl weißer Rum
2 cl Vermouth dry
1 cl Grenadine
1 cl Curaçao triple sec
1 cl Limettensaft

Die Zutaten mit 5-6 Eiswürfeln im Shaker schütteln und in ein Cocktailglas abseihen.

Übrigens:
Das „Sloppy Joe's (Key West) war eine der Lieblingsbars von Ernest Hemingway.

Jamaika Kiss

Süßer Shortdrink
Shaker
Cocktailglas

2 cl brauner Jamaika-Rum
2 cl Kaffeelikör
2 cl Sahne

Den Rum und Likör im Shaker mit 5-6 Eiswürfeln schütteln und in ein Cocktailglas abseihen. Die Sahne, leicht angeschlagen, als Haube auf den fertigen Drink geben.

Merlin*

Frischer leichter Longdrink
Shaker
Longdrinkglas

3 cl weißer Rum
2 cl Peachtree (Pfirsichlikör)
1 cl Erdbeersirup
1,5 cl frischer Zitronensaft
10 cl Ananassaft

Die Zutaten mit 3-4 Eiswürfeln im Shaker schütteln und in ein mit 3 Eiswürfeln gefülltes Longdrinkglas abseihen. Mit Ananas, Kirsche und Minze dekorieren.

Cuba Libre

Leichter erfrischender Longdrink
Direkt im Glas
Longdrinkglas

4 cl weißer Rum
1 cl frischer Zitronensaft
Cola

Rum und Zitronensaft mit 3 Eiswürfeln in ein Longdrinkglas geben und mit Cola auffüllen.

Als 1896 die Spanier mit Hilfe amerikanischer Soldaten aus Kuba vertrieben wurden, brachten diese Befreier ein völlig neues Erfrischungsgetränk, das ein Apotheker erfunden hatte, mit: Cola. Man mischte es kurzerhand mit dem kubanischen Rum und gab dem neuen Drink den Namen des damals allgegenwärtigen Schlachtrufes „Freiheit für Kuba“: „Cuba Libre“.

Mojito

Frischer kräftiger Shortdrink
Direkt im Glas
Whiskytumbler

5 cl weißer Rum
1 Bl Puderzucker
2 cl Limettensaft
Minze
Soda

Zucker und Limettensaft im Glas verrühren, etwa 4 Minzeblätter dazugeben und mit einem Mörser zerdrücken. Eine halbe ausgedrückte Limette ins Glas geben und mit Crushed ice auffüllen. Den Rum dazugeben, mit etwas Soda abspritzen und mit einem Minzzweig dekorieren.

Strawberry Daiquiri

Fruchtiger frischer Shortdrink
Elektrischer Mixer
Cocktailglas

5 cl weißer Rum
1 cl Limettensaft
1 cl Zuckersirup
2-3 frische Erdbeeren

Die Zutaten mit 5-6 Eiswürfeln in den Mixer geben und etwa 6 Sekunden mixen. Anschließend in ein Cocktailglas abseihen.

Außer Strawberry Daiquiri lassen sich Fruchtdaiquiris auch in den Geschmacksrichtungen Banane, Apfel, Melone, Pfirsich usw. mit den entsprechenden Früchten herstellen.

Planters Punch

Frischer Rum-Longdrink
Shaker
Longdrinkglas

4 cl brauner Jamaika-Rum
2 cl frischer Zitronensaft
1 cl Grenadine
10 cl Orangensaft

Die Zutaten mit 3-4 Eiswürfeln im Shaker schütteln und in ein Longdrinkglas mit 3 Eiswürfeln abseihen. Mit Orangenscheibe und Kirschen dekorieren.

Champagner-cocktail
(rechte Seite links im Bild)

Trockener Champagner-cocktail/Aperitif
Direkt im Glas
Sektglas

- 1 Zuckerwürfel
- 2-3 dashes Angostura
- 3 dashes Brandy
- trockener Champagner zum Auffüllen

Den Zuckerwürfel mit Angostura tränken, mit dem Brandy in ein Sektglas geben und mit eiskaltem Champagner auffüllen.

Prince of Wales
(rechte Seite rechts im Bild)

Halbtrockener Sekt-cocktail/Aperitif
Direkt im Glas
Sektglas (original im Silberbecher)

- 2 cl Brandy
- 1 cl Curaçao dry Orange
- 1 dash Angostura
- trockener Sekt zum Auffüllen

Die Zutaten in ein Sektglas geben und mit eiskaltem Sekt auffüllen. Mit Orangenschale, Zitronenscheibe und Kirsche dekorieren.

Hemingway

Fruchtiger herber Sektcocktail
Shaker
Sektglas

- 2 cl weißer Rum
- 2 cl Cointreau
- 2 cl Zitronensaft
- Sekt zum Auffüllen

Die Zutaten mit 5-6 Eiswürfeln im Shaker schütteln und in ein Sektglas abseihen. Mit eiskaltem trockenem Sekt auffüllen.

French 75

(rechte Seite links im Bild)

Fruchtiger Sektcocktail/ Aperitif
Shaker
Sektglas

3 cl Dry Gin
1,5 cl frischer Zitronensaft
1 Bl Grenadine
1 dash Pernod nach Belieben
trockener Sekt zum Auffüllen

Die Zutaten mit 4-5 Eiswürfeln im Shaker schütteln und in ein Sektglas abseihen. Mit eiskaltem Sekt auffüllen.

Flying

(rechte Seite rechts im Bild)

Leicht herber Sektcocktail/Aperitif
Shaker
Sektglas

2 cl Dry Gin
2 cl Curaçao triple sec oder Cointreau
1,5 cl frischer Zitronensaft
trockener Sekt zum Auffüllen

Die Zutaten mit 4-5 Eiswürfeln im Shaker schütteln und in ein Sektglas abseihen. Mit eiskaltem Sekt auffüllen und Kirsche dazugeben.

Tropical Spark*

Fruchtiger Sektcocktail
Shaker
Sektglas

2 cl Peachtree (Pfirsichlikör)
1 cl Kontiki Red Orange
1 cl Zitronensaft
1 cl Orangensaft
Sekt zum Auffüllen

Die Zutaten mit 5-6 Eiswürfeln im Shaker schütteln und in ein Sektglas abseihen. Vorsichtig mit eiskaltem trockenem Sekt auffüllen. Mit Pfirsichspalte dekorieren.

Ritz

Fruchtiger Sektcocktail
Shaker
Sektglas

2 cl Cognac
2 cl Cointreau
2 cl Orangensaft
Sekt oder Champagner zum Auffüllen

Die Zutaten mit 5-6 Eiswürfeln im Shaker schütteln und in ein Sektglas abseihen. Mit eiskaltem trockenen Sekt oder Champagner auffüllen. Mit einer halben Orangenscheibe dekorieren.

April Flower*

(rechte Seite links im Bild)

Leicht bitterer, fruchtiger Sektcocktail/Aperitif
Shaker
Sektglas

1 cl Campari
2 cl Peachtree (Pfirsichlikör)
1 dash Orange Bitter
trockener Sekt zum Auffüllen

Die Zutaten mit 5-6 Eiswürfeln im Rührglas verrühren und in ein Sektglas abseihen. Mit eiskaltem trockenen Sekt auffüllen und mit einer Kirsche dekorieren.

Bellini

(rechte Seite rechts im Bild)

Fruchtiger Sektcocktail/Aperitif
Direkt im Glas
Sektglas

4 Bl weißes Pfirsichmus
1 dash Pfirsichlikör
1 dash frischer Zitronensaft
Sekt oder Prosecco zum Auffüllen

Die Zutaten vorsichtig im Sektglas verrühren und mit eiskaltem trockenen Sekt oder Prosecco auffüllen.

Kir Royal

Halbtrockener aromatischer Champagnercocktail
Direkt im Glas
Sektglas

1 cl Crème de Cassis
Champagner

Crème de Cassis mit eiskaltem trockenen Champagner auffüllen.

Vulcano

(rechte Seite links im Bild)

Fruchtiger Sektcocktail/ Aperitif
Direkt im Glas
Sektglas

2 cl Himbeergeist
2 cl Blue Curaçao
trockener Sekt oder Champagner zum Auffüllen

Den Himbeergeist und den Blue Curaçao erhitzen und im Sektglas anzünden.
Mit eiskaltem Sekt oder Champagner ablöschen und eine Orangenschale dazugeben.

Red Danube*

(rechte Seite rechts im Bild)

Fruchtiger Sektcocktail/ Aperitif
Direkt im Glas
Sektglas

1 cl Kontiki Red Orange
2 cl Peachtree (Pfirsichlikör)
1 dash Orange Bitter
trockener Sekt zum Auffüllen

Die Zutaten in ein Sektglas geben, mit eiskaltem Sekt auffüllen und mit Melonenspalte und Physalis (Kapstachelbeere) dekorieren.

Ohio

Halbtrockener Sekt-cocktail/Aperitif
Shaker
Sektglas

2 cl Canadian Club Whisky
2 cl Martini rosso
1 cl Curaçao triple sec
1 dash Angostura
trockener Sekt zum Auffüllen

Die Zutaten mit 4-5 Eiswürfeln im Shaker schütteln und in ein Sektglas abseihen. Mit eiskaltem Sekt auffüllen und Kirsche dazugeben.

Wenn Sie Sekt oder Champagner schnell kühlen wollen, stellen Sie die Flasche in einen Kühler mit Wasser, einigen Eiswürfeln und zusätzlich einem Eßlöffel Salz.

Bamboo

Aromatischer trockener
Shortdrink/Aperitifcocktail
Rührglas
Cocktailglas

3 cl Sherry dry
3 cl Vermouth dry
1 dash Orange Bitter

Die Zutaten mit 5-6 Eiswürfeln im Rührglas rühren und in ein Cocktailglas abseihen.

Appetizer

Halbtrockener fruchtiger
Shortdrink/Aperitifcocktail
Shaker
Cocktailglas

3 cl Dubonnet
2 cl Dry Gin
1 cl Orangensaft
1 dash Angostura

Die Zutaten mit 5-6 Eiswürfeln im Shaker schütteln und in ein Cocktailglas abseihen.

Coronation

Trockener aromatischer
Shortdrink/Aperitifcocktail
Rührglas
Cocktailglas

2 cl Vermouth dry
2 cl Dubonnet
2 cl Dry Gin

Die Zutaten mit 5-6 Eiswürfeln im Rührglas rühren und in ein Cocktailglas abseihen.

Adonis

Lieblicher halbtrockener Aperitifcocktail
Rührglas
Cocktailglas

3 cl Vermouth rot
3 cl Sherry medium
1 dash Orange Bitter

Die Zutaten mit 5-6 Eiswürfeln im Rührglas rühren und in ein Cocktailglas abseihen.

Affinity

Aromatischer trockener Shortdrink/Aperitifcocktail
Rührglas
Cocktailglas

2 cl Vermouth rot
1 cl Vermouth dry
3 cl Scotch Whisky
1 dash Orange Bitter

Die Zutaten mit 5-6 Eiswürfeln im Rührglas rühren und in ein Cocktailglas abseihen.

Aladin

Lieblicher aromatischer Shortdrink
Shaker
Cocktailglas

3 cl Vermouth rot
2 cl Kirschwasser
1 cl Grenadine

Die Zutaten mit 5-6 Eiswürfeln im Shaker schütteln und in ein Cocktailglas abseihen. Mit Kirsche dekorieren.

Porto Flip

Aromatischer süßer Shortdrink/After Dinner Cocktail
Shaker
Sektglas

4 cl roter Portwein
1 cl Zuckersirup
1 Eigelb

Die Zutaten mit 5-6 Eiswürfeln im Shaker schütteln und in ein Sektglas abseihen. Etwas geriebene Muskatnuß über den fertigen Drink geben.

Bahia Cocktail

Halbtrockener aromatischer Shortdrink/Aperitifcocktail
Rührglas
Cocktailglas

3 cl Sherry medium
3 cl Vermouth dry
1 dash Pernod
1 dash Orange Bitter

Die Zutaten mit 5-6 Eiswürfeln im Rührglas verühren und in ein Cocktailglas abseihen.

Sherry Flip

Aromatischer süßer Shortdrink/After Dinner Cocktail
Shaker
Sektglas

4 cl Sherry (medium oder dry)
1 cl Zuckersirup
1 Eigelb

Die Zutaten mit 5-6 Eiswürfeln im Shaker schütteln und in ein Sektglas abseihen. Etwas geriebene Muskatnuß über den fertigen Drink geben.

Pepito Collins

Erfrischender herber Longdrink
Direkt im Glas
Longdrinkglas

4 cl Tequila
2 cl frischer Zitronensaft
1 cl Zuckersirup
10 cl Soda zum Auffüllen

Den Tequila, den Zitronensaft und den Zuckersirup in einem zur Hälfte mit Crushed ice gefüllten Longdrinkglas verrühren, bis das Glas etwas beschlägt.
Mit Soda auffüllen und mit Kirsche und Zitronenscheibe dekorieren.

Mexican Screwdriver

Erfrischender Longdrink
Direkt im Glas
Longdrinkglas

4 cl Tequila
10 cl Orangensaft

Die Zutaten mit 3-4 Eiswürfeln in ein Longdrinkglas geben und umrühren.

Tequila Sunrise

Fruchtiger Longdrink
Direkt im Glas
Longdrinkglas

4 cl Tequila
10 cl Orangensaft
1 cl Grenadine

Den Tequila und den Orangensaft mit 3-4 Eiswürfeln in ein Longdrinkglas geben und den Grenadinesirup darüber laufen lassen. Mit Orange dekorieren.

Margarita

Aromatischer herber Short-drink
Shaker
Cocktailglas mit Salzrand

4 cl Tequila
2 cl Curaçao triple sec
1 cl frischer Zitronensaft

Die Zutaten im Shaker mit 5-6 Eiswürfeln schütteln und in ein Cocktailglas mit Salzrand abseihen. Mit Zitronenscheibe dekorieren.

Margaritas lassen sich auch gut mit püriertem Fruchtfleisch zubereiten.
Ergänzt man das Basisrezept z. B. mit 1 El Erdbeermus (oder 2 cl Erdbeersirup), erhält man einen **Strawberry Margarita**.

Tequila Sour

Herber aromatischer
Shortdrink
Shaker
Kleiner Whiskytumbler

4 cl Tequila
2 cl frischer Zitronensaft
1 cl Zuckersirup

Die Zutaten mit 5-6 Eiswürfeln im Shaker schütteln und in einen kleinen Whiskytumbler abseihen.
Mit Orange und Kirschen dekorieren.

Bird of Paradise

Süßer Shortdrink/After
Dinner Cocktail
Shaker
Cocktailglas

2 cl Tequila
2 cl Crème de Cacao weiß
1 cl Amaretto
1 cl Sahne

Die Zutaten mit 5-6 Eiswürfeln im Shaker schütteln und in ein Cocktailglas abseihen.

Blue Moon

Süßer fruchtiger Shortdrink/After Dinner Cocktail
Shaker
Cocktailglas

2 cl Tequila
2 cl Galliano
1 cl Blue Curaçao
1 cl Sahne

Die Zutaten mit 5-6 Eiswürfeln im Shaker schütteln und in ein Cocktailglas abseihen.

GHFC*

Frischer fruchtiger Longdrink
Shaker
Longdrinkglas

4 cl Tequila
2 cl Peachtree (Pfirsichlikör)
1 cl Erdbeersirup
2 cl frischer Limettensaft
8 cl Orangensaft

Die Zutaten mit 5-6 Eiswürfeln im Shaker schütteln und in ein Longdrinkglas mit 3 Eiswürfeln abseihen. Mit Orangenspirale, Limettenscheibe und Kirsche dekorieren.

Brave Bull

Süßer kräftiger Shortdrink/
After Dinner Cocktail
Direkt im Glas
Whiskytumbler

3 cl Tequila
2 cl Kahlùa

Die Zutaten mit 3-4 Eiswürfeln in einen Whiskytumbler geben und umrühren.

Chapala

Fruchtiger Shortdrink
Shaker
Whiskytumbler

4 cl Tequila
2 cl Orangensaft
1 Bl Grenadine
1 dash Curaçao triple sec
(oder Cointreau)
1 dash frischer Zitronensaft

Die Zutaten mit 5-6 Eiswürfeln im Shaker schütteln und in einen Whiskytumbler mit 3 Eiswürfeln abseihen. Mit Orangenscheibe dekorieren.

Frozen Matador

Fruchtiger herber Shortdrink
Elektrischer Mixer
Whiskytumbler

4 cl Tequila
6 cl Ananassaft
1 Bl Limettensaft

Die Zutaten in einen Mixer geben und mit soviel Crushed ice auffüllen, daß die Flüssigkeit völlig bedeckt ist. Das Ganze ca. 5-6 Sekunden mixen und in einen Whiskytumbler umfüllen.
Mit Limettenscheibe und Ananasblatt dekorieren.

Sombrero*

Fruchtiger herber
Shortdrink
Shaker
Cocktailglas

3 cl Tequila
1 cl Maracujasirup
1 cl frischer Limettensaft
2 cl Ananassaft

Die Zutaten mit 5-6 Eiswürfeln im Shaker schütteln und in ein Cocktailglas abseihen. Mit Limettenscheibe dekorieren.

Whiskey Fizz

Erfrischender aromatischer Longdrink
Shaker
Whiskytumbler

4 cl Bourbon Whiskey
2 cl frischer Zitronensaft
1 cl Zuckersirup
5 cl Soda zum Auffüllen

Die Zutaten mit 4-5 Eiswürfeln im Shaker schütteln und in einen Whiskytumbler mit 3 Eiswürfeln abseihen.
Mit Soda auffüllen und mit Zitronenscheibe dekorieren.

Colonel Collins

Erfrischender herber Longdrink
Direkt im Glas
Longdrinkglas

4 cl Bourbon Whiskey
2 cl frischer Zitronensaft
1 cl Zuckersirup
10 cl Soda zum Auffüllen

Den Whiskey, Zitronensaft und Zuckersirup mit dem Barlöffel in einem zur Hälfte mit Crushed ice gefüllten Longdrinkglas umrühren, bis das Glas leicht beschlägt.
Mit Soda auffüllen und mit Zitronenscheibe und Kirsche dekorieren. Mit Trinkhalm servieren.

TIP

Eine attraktive Garnitur, die immer paßt, sind kleine Fruchtspießchen. Stecken Sie beispielsweise Ananasstückchen, Orangenspalten, Kiwischeiben, Kirschen, Trauben und sonstiges Obst auf einen Holzspieß, und legen Sie ihn einfach auf das Glas.

Mint Julep

Frischer aromatischer Shortdrink
Direkt im Glas
Whiskytumbler

4 cl Bourbon Whiskey
2 Bl Puderzucker
1 Minzezweig
2-3 cl Wasser

Die Blätter eines Minzezweiges mit dem Puderzucker im Glas zerstoßen. Das Glas mit Crushed ice anfüllen, Bourbon und Wasser zugeben und leicht umrühren.
Mit Minzezweig dekorieren.

Manhattan

Trockener aromatischer Shortdrink/Aperitifcocktail
Rührglas
Cocktailglas

4 cl Canadian Whisky (Canadian Club)
2 cl Martini rosso
1 dash Angostura

Die Zutaten mit 4-5 Eiswürfeln mit dem Barlöffel im Rührglas verrühren und in ein Cocktailglas abseihen. Mit Kirsche dekorieren. Ersetzt man den Canadian Whisky durch Scotch, heißt der Drink **Rob Roy**.

Manhattan ist ein Wort aus einer Indianersprache und bezeichnet den „Ort, an dem wir betrunken waren".
Ein halbes Glas Rum, ein halbes Glas Wasser, ein Teelöffel Zucker und eine starke Prise Ingwer, so lautete das Rezept für den Coow-Woow, den Vorläufer des Manhattan.
Es hat zwar wenig mit dem heutigen Manhattan gemein, aber es soll einem Herrn Peter Minuit im Jahre 1624 dazu verholfen zu haben, die Insel vor der Ortschaft New Amsterdam dem Häuptling der Manhattan-Indianer für Waren im Wert von 24 Dollar abzukaufen.

Old Fashioned

Aromatischer Shortdrink/
Aperitifcocktail
Direkt im Glas
Whiskytumbler

4 cl Bourbon Whiskey
2 dashes Angostura
1 Zuckerwürfel
5 cl Soda

Den Zuckerwürfel im Glas mit Angostura tränken, Soda dazugeben und zerstoßen. Das Glas zu 1/3 mit Eis füllen, den Bourbon darüber geben und umrühren.
Mit Orange, Zitrone und Kirschen (ins Glas) servieren.

London Sour

Herber aromatischer
Shortdrink
Shaker
Kleiner Whiskytumbler

4 cl Scotch Whisky
2 cl Zitronensaft
1 cl Zuckersirup
1 cl Orangensaft

Die Zutaten mit 5-6 Eiswürfeln im Shaker schütteln und in einen kleinen Whiskytumbler abseihen.
Mit Orange und Kirsche dekorieren.

Godfather

Kräftiger aromatischer
Shortdrink/After Dinner
Cocktail
Direkt im Glas
Whiskytumbler

4 cl Scotch Whisky
2 cl Amaretto

Die Zutaten im Glas mit 4-5 Eiswürfeln verrühren.

Whiskey Sour

Herber aromatischer
Shortdrink
Shaker
Kleiner Whiskytumbler

4 cl Bourbon Whiskey
2 cl frischer Zitronensaft
1 cl Zuckersirup

Die Zutaten mit 5-6 Eiswürfeln im Shaker schütteln und in einen kleinen Whiskytumbler abseihen.
Mit Orangenspalte und Kirsche dekorieren.

TIP

Zuckersirup läßt sich in beliebiger Menge selbst herstellen. Lösen Sie Zucker im Verhältnis 1:1 in kochendem Wasser auf und lassen Sie die Flüssigkeit abkühlen. Fertig. Der Zuckersirup ist im Kühlschrank bis zu acht Wochen haltbar.

Rusty Nail

Kräftiger aromatischer Shortdrink/After Dinner Cocktail
Direkt im Glas
Whiskytumbler

4 cl Scotch Whisky
2 cl Drambuie (Whisky-Honig-Likör)

Die Zutaten im Glas mit 4-5 Eiswürfeln verrühren.

The Long Jack*

Herber aromatischer Longdrink
Shaker
Longdrinkglas

3 cl Jack Daniels
2 cl Kirschlikör
1 cl frischer Zitronensaft
10 cl Orangensaft

Die Zutaten mit 5-6 Eiswürfeln in Shaker schütteln und in ein Longdrinkglas mit 3 Eiswürfeln abseihen. Mit Orangenspalte und Kirschen dekorieren.

New Yorker

Herber aromatischer Shortdrink
Shaker
Cocktailglas

4 cl Bourbon Whiskey
2 cl frischer Zitronensaft
1 cl Grenadine

Die Zutaten mit 5-6 Eiswürfeln im Shaker schütteln und in ein Cocktailglas abseihen.

Classico*

Halbtrockener Shortdrink/
Aperitifcocktail
Rührglas
Cocktailglas

2 cl Canadian Club
1 cl Peachtree (Pfirsichlikör)
1 cl Martini rosso
2 cl Martini extra dry
1 dash Orange Bitter

Die Zutaten mit 4-5 Eiswürfeln im Rührglas mit dem Barlöffel verrühren und in ein Cocktailglas abseihen. Mit Orangenspirale und Kirsche dekorieren.

Wodka Sour

Herber aromatischer
Shortdrink
Shaker
Kleiner Whiskytumbler

4 cl Wodka
2 cl frischer Zitronensaft
1 cl Zuckersirup

Die Zutaten mit 5-6 Eiswürfeln im Shaker schütteln und in einen kleinen Whiskytumbler abseihen.
Mit Orangenscheibe und Kirschen dekorieren.

Wodka Fizz

Erfrischender aromatischer
Longdrink
Shaker
Whiskytumbler

4 cl Wodka
2 cl frischer Zitronensaft
1 cl Zuckersirup
5 cl Soda zum Auffüllen

Die Zutaten mit 4-5 Eiswürfeln im Shaker schütteln und in einen Whiskytumbler mit 3 Eiswürfeln abseihen.
Mit Soda auffüllen und mit Zitronenscheibe dekorieren!

„Wodka“ kommt aus dem Russischen und bedeutet soviel wie „Wässerchen“. Hergestellt wird er aus Gerste, Weizen, Roggen oder Kartoffeln. Die eigentlichen Ursprungsländer sind zwar Rußland und Polen, man erzeugt Wodka heute aber auch in Amerika, Finnland, Schweden, Deutschland und Frankreich.

Joe Collins

Erfrischender herber
Longdrink
Direkt im Glas
Longdrinkglas

4 cl Wodka
2 cl frischer Zitronensaft
1 cl Zuckersirup
10 cl Soda zum Auffüllen

Die Zutaten in einem zur Hälfte mit Crushed ice gefüllten Longdrinkglas verrühren, bis sich das Glas etwas beschlägt, und mit Soda auffüllen.
Mit Zitronenscheibe und Kirsche dekorieren.

Harvey Wallbanger

Fruchtiger aromatischer Longdrink
Direkt im Glas
Longdrinkglas

4 cl Wodka
10 cl Orangensaft
1 cl Galliano

Den Wodka mit 3-4 Eiswürfeln im Longdrinkglas verrühren und den Galliano darüber geben.
Mit Orange dekorieren.

Wenn man den Galliano wegläßt, wird daraus ein **Screwdriver**.

White Russian
(Abbildung)

*Kräftiger süßer Shortdrink/
After Dinner Cocktail
Rührglas
Cocktailglas*

4 cl Wodka
2 cl Kahlùa (Kaffeelikör)
1 cl Sahne

Den Wodka und den Kahlùa mit 5-6 Eiswürfeln im Rührglas verrühren und in ein Cocktailglas abseihen. Die Sahne vorsichtig über einen Löffelrücken darauffließen lassen.

Black Russian

*Kräftiger süßlicher Shortdrink/After Dinner Cocktail
Direkt im Glas
Whiskytumbler*

4 cl Wodka
2 cl Kahlùa (Kaffeelikör)

Die Zutaten im Glas mit 3-4 Eiswürfeln verrühren.

Wodkatini

Trockener kräftiger Shortdrink/Aperitifcocktail
Rührglas
Cocktailglas

5 cl Wodka
1 cl trockener Vermouth
(Noilly Prat oder Martini extra dry)

Die Zutaten auf 4-5 Eiswürfeln im Rührglas mit dem Barlöffel verrühren und in ein Cocktailglas abseihen. Zitronenschale darüber ausdrücken und eine grüne Olive mit Stein ins Glas geben.

Kamikaze

Fruchtiger herber Shortdrink
Shaker
Whiskytumbler

2 cl Wodka
2 cl Curaçao triple sec
(oder Cointreau)
2 cl frischer Limettensaft

Die Zutaten mit 5-6 Eiswürfeln im Shaker schütteln und in einen Whiskytumbler mit 3 Eiswürfeln abseihen

Flying Kangaroo

Kräftiger süßer Longdrink
Shaker
Longdrinkglas

3 cl Wodka
3 cl weißer Rum
1 cl Galliano
2 cl Kokossirup
1 cl Sahne
4 cl Ananassaft
2 cl Orangensaft

Die Zutaten mit 4-5 Eiswürfeln im Shaker schütteln und in ein Longdrinkglas mit 3 Eiswürfeln abseihen. Mit Ananas und Kirsche dekorieren.

Wodka Sling

Erfrischender herber Longdrink
Direkt im Glas
Longdrinkglas

4 cl Wodka
2 cl Kirschlikör
1 cl frischer Zitronensaft
10 cl Soda zum Auffüllen

Die Zutaten in einem Longdrinkglas mit 3-4 Eiswürfeln verrühren und mit Soda auffüllen.
Mit Zitronenscheibe und Kirsche dekorieren.

Air Conditioner

Kräftiger aromatischer Longdrink
Direkt im Glas
Longdrinkglas

4 cl Wodka
2 cl Cointreau
10 cl Cola zum Auffüllen

Die Zutaten mit 3-4 Eiswürfeln im Longdrinkglas verrühren, mit Cola auffüllen.

Touch Down

Fruchtiger Longdrink
Shaker
Longdrinkglas

4 cl Wodka
2 cl Apricot Brandy
1 cl Grenadinesirup
2 cl Zitronensaft
10 cl Maracujanektar

Die Zutaten mit 5-6 Eiswürfeln im Shaker schütteln, in ein Longdrinkglas mit 3 Eiswürfeln abseihen und mit frischem Obst dekorieren.

God Child

Süßer Shortdrink/After Dinner Cocktail
Shaker
Cocktailglas

2 cl Wodka
2 cl Amaretto
2 cl frische Sahne

Die Zutaten mit 5-6 Eiswürfeln im Shaker schütteln und in ein Cocktailglas abseihen.

Sex on the Beach

Fruchtiger Longdrink
Shaker
Longdrinkglas

3 cl Wodka
3 cl Peach Tree (Pfirsichlikör)
8 cl Cranberry Juice
8 cl Orangensaft

Die Zutaten mit 5-6 Eiswürfeln im Shaker schütteln, in ein Longdrinkglas mit 3 Eiswürfeln abseihen und mit frischem Obst dekorieren.

Just Now*

Leicht herber, fruchtiger Shortdrink
Shaker
Cocktailglas

2 cl Wodka
2 cl Peachtree (Pfirsichlikör)
1 cl frischer Zitronensaft
1 cl Ananassaft
0,5 cl Blue Curaçao

Die Zutaten mit 5-6 Eiswürfeln im Shaker schütteln und in ein Cocktailglas abseihen. Mit Kumquat und Minzblatt dekorieren.

Cosmopolitan

*Halbtrockener ShortdrinkS-
haker
Cocktailglas*

3 cl Wodka
1 cl Cointreau oder
Curaçao Triple sec
1 cl frischer Limettensaft
2 cl Cranberry Juice

Die Zutaten mit 5-6 Eiswürfeln im Shaker schütteln, in ein Cocktailglas abseihen.

Erdbeer-Limes

*Fruchtiger Shortdrink/
Frozendrink
El. Mixer
Whiskytumbler oder großes
Cocktailglas*

4 cl Wodka
2 cl Roses Lime Juice
3 cl Erdbeersirup

Die Zutaten mit einer Barschaufel crushed Ice im Mixer pürieren und in das Glas füllen. Mit Trinkhalm servieren.

Wodka Julep

*Frischer Shortdrink
Direkt im Glas
Whiskytumbler*

4 cl Wodka
1-2 Bl Puderzucker
1-2 Bl Wasser
2 Zweige Minze

Die Blätter eines Minzzweiges (ca. 6-8) mit dem Zucker und dem Wasser im Whiskytumbler mit dem Muddler zerdrücken. Das Glas zu $4/5$ mit Chrushed ice füllen und den Wodka darüber geben. Den zweiten Minzzweig ins Glas stecken und servieren.

Long Island iced Tea

*Starker Longdrink
Direkt im Glas
Longdrinkglas*

2 cl Wodka
2 cl Gin
2 cl Weißer Rum
2 cl Tequila
2 cl Curacao Triple sec
oder Cointreau
2 cl frischer Zitronensaft
etwas Cola zum Auffüllen

Die Zutaten außer dem Cola in einem bis zur Hälfte mit crushed Ice gefüllten Longdrinkglas verrühren. Etwas Cola (ca. 5 cl) dazugeben.

Flying Elephant

Fruchtiger süßer Longdrink
Shaker
Longdrinkglas

4 cl Wodka
2 cl Kokossirup
1 cl Galliano
1 cl frische Sahne
8 cl Ananassaft

Die Zutaten mit 5-6 Eiswürfeln im Shaker schütteln und in ein Longdrinkglas mit 3 Eiswürfeln abseihen. Mit Ananas und Kirschen dekorieren.

Kilimandscharo

Fruchtiger herber Longdrink
Shaker
Longdrinkglas

8 cl Orangensaft
2 cl Maracujasirup
2 cl frischer Zitronensaft
8 cl Tonic Water zum Auffüllen

Alle Zutaten außer dem Tonic Water im Shaker mit 5-6 Eiswürfeln schütteln und in ein Longdrinkglas mit 3 Eiswürfeln abseihen. Mit Tonic Water auffüllen und dekorieren.

Whirl Pool

Fruchtiger herber Longdrink
Shaker
Longdrinkglas

8 cl Orangensaft
2 cl Grenadinesirup
2 cl frischer Zitronensaft
8 cl Mineralwasser mit Kohlensäure zum Auffüllen

Die Zutaten außer dem Wasser im Shaker mit 5-6 Eiswürfeln schütteln und in ein Longdrinkglas mit 3 Eiswürfeln abseihen. Mit Mineralwasser auffüllen und dekorieren.

Raspberry Fizz

Fruchtiger herber Longdrink
Direkt im Glas
Longdrinkglas

2 El Himbeeren (püriert)
1 cl Himbeersirup
2 cl frischer Zitronensaft
15 cl Mineralwasser mit Kohlensäure zum Auffüllen

Den Sirup, das Himbeermus und den Zitronensaft in einem bis zur Hälfte mit Crushed ice gefüllten Longdrinkglas verrühren und mit Mineralwasser auffüllen.

Pistolero*

Fruchtiger süßer Longdrink
Shaker
Longdrinkglas
(grüner Zuckerrand)

18 cl Ananassaft
2 cl Mandelsirup
2 cl Sahne
2 cl Blue Curaçao alkoholfrei

Zur Herstellung des Zuckerrandes geben Sie etwas alkoholfreien Blue Curaçao in ein Schüsselchen, tauchen den Glasrand etwas ein und lassen ihn abtropfen. Nun in den Zucker eintauchen.
Die Zutaten im Shaker mit 5-6 Eiswürfeln schütteln und in das Longdrinkglas mit 3 Eiswürfeln abseihen.
Mit Kirsche dekorieren.

Bugs Bunny *

Fruchtig herber Longdrink
Shaker
Longdrinkglas

10 cl Ananassaft
4 cl Orangensaft
2 cl Mandelsirup
2 cl frischer Zitronensaft
1 cl Blue Curaçao alkoholfrei

Die Zutaten mit 5-6 Eiswürfeln im Shaker schütteln und in ein Longdrinkglas mit 3 Eiswürfeln abseihen.
Mit Orange und Physalis (Kapstachelbeere) dekorieren.

Balu*

Erfrischender herber Longdrink
Shaker
Longdrinkglas

8 cl Ananassaft
2 cl Maracujasirup
2 cl frischer Zitronensaft
8 cl Bitter Lemon zum Auffüllen

Die Zutaten außer dem Bitter Lemon mit 5-6 Eiswürfeln im Shaker schütteln und in ein Longdrinkglas mit 3 Eiswürfeln abseihen.
Mit Bitter Lemon auffüllen und mit Limettenscheibe und Kirschen dekorieren.

Orange Velvet

Fruchtig süßer Longdrink
Shaker
Longdrinkglas

8 cl Ananassaft
8 cl Orangensaft
2 cl Mandelsirup
1 cl Sahne

Die Zutaten mit 5-6 Eiswürfeln im Shaker schütteln und in ein Longdrinkglas mit 3 Eiswürfeln abseihen.
Mit Ananasstückchen und Kirschen dekorieren.

Baby Face*

Fruchtiger herber
Longdrink
Shaker
Longdrinkglas

10 cl Ananassaft
6 cl Orangensaft
3 cl frischer Zitronensaft
2 cl Mandelsirup
1 cl Erdbeersirup

Die Zutaten mit 5-6 Eiswürfeln im Shaker schütteln und in ein Longdrinkglas mit 3 Eiswürfeln abseihen. Mit Karambole und Kirsche dekorieren.

Pink Nothing *

Fruchtig süßlicher
Longdrink
Shaker
Longdrinkglas

15 cl Ananassaft
1 Bl frischer Zitronensaft
1 cl Erdbeersirup
2 cl Kokossirup
1 cl Sahne

Die Zutaten mit 5-6 Eiswürfeln im Shaker schütteln und in ein Longdrinkglas mit 3 Eiswürfeln abseihen. Mit Erdbeere dekorieren.

Majo *

Fruchtig aromatischer
Longdrink
Shaker
Longdrinkglas

2 El Naturjoghurt
15 cl Maracuja-Nektar
1 cl Blue Curaçao alkoholfrei

Die Zutaten mit 5-6 Eiswürfeln im Shaker schütteln und in ein Longdrinkglas mit 3 Eiswürfeln abseihen. Mit kleinem Fruchtspieß dekorieren.

Red Bolero*

Fruchtig aromatischer
Longdrink
Shaker
Longdrinkglas

2 El Naturjoghurt
15 cl Ananassaft
2 El pürierte Erdbeeren
(oder 2 cl Erdbeersirup)

Die Zutaten mit 5-6 Eiswürfeln im Shaker schütteln und in ein Longdrinkglas mit 3 Eiswürfeln abseihen. Mit Erdbeere dekorieren.

Back Pipe*

Fruchtiger herber
Longdrink
Shaker
Longdrinkglas

8 cl Orangensaft
8 cl Ananassaft
2 cl Maracujasirup
2 cl frischer Zitronensaft
1-2 cl Erdbeersirup

Alle Zutaten außer dem Erdbeersirup mit 5-6 Eiswürfeln im Shaker schütteln und in ein Longdrinkglas mit 3 Eiswürfeln abseihen. Den Erdbeersirup langsam über den fertigen Drink ins Glas laufen lassen und mit Kumquat, Minzblatt und Kirsche dekorieren.

Roadster*

Aromatischer herber Longdrink
Shaker
Longdrinkglas

6 cl Orangensaft
2 cl Rose's Lime Juice
2 cl Blue Curaçao alkoholfrei
8 cl Tonic Water zum Auffüllen

Die Zutaten außer Tonic Water mit 5-6 Eiswürfeln im Shaker schütteln und in ein Longdrinkglas mit 3 Eiswürfeln abseihen. Mit Tonic Water auffüllen und mit Zitronenscheibe und Kirschen dekorieren.

Ipanema

Fruchtiger Longdrink
Direkt im Glas
Großer Tumbler

1 Limette
1-2 Bl Rohrzucker
1 dash Angostura
Ginger Ale zum Auffüllen

Die Limette achteln und im Glas mit dem Zucker und Angostura zerstoßen. Glas mit Crushed Ice füllen und mit Ginger Ale auffüllen. Mit 2 kurzen Halmen servieren.

Mango Pirinha*

Fruchtiger Longdrink
Direkt im Glas
Großer Tumbler

3 cl Mangosirup
1 Limette
15 cl (ca.) Mineralwasser mit Kohlensäure zum Auffüllen

Die Limette achteln und im Glas mit dem Mangosirup zerstoßen. Das Glas mit crushed Ice füllen und mit Mineralwasser auffüllen. Mit zwei kurzen Halmen servieren.

Phantasia*

Fruchtiger süßer Longdrink
Shaker
Longdrinkglas

10 cl Ananassaft
5 cl Orangensaft
½ Banane, püriert (oder
2 cl Bananensirup)
0,5 cl Blue Curaçao alkoholfrei
1 cl Sahne

Die Zutaten mit 5-6 Eiswürfeln im Shaker schütteln und in ein Longdrinkglas mit 3 Eiswürfeln abseihen. Mit Mangospalte und kleinem Fruchtspieß dekorieren.

Peppone*

Fruchtig herber Longdrink
Shaker
Longdrinkglas

8 cl Grapefruitsaft
8 cl Orangensaft
2 cl Blue Curaçao alkoholfrei
1 cl frischer Zitronensaft

Die Zutaten mit 5-6 Eiswürfeln im Shaker schütteln und in ein Longdrinkglas mit 3 Eiswürfeln abseihen. Mit Orangenspalte und Kirschen dekorieren.

First Try *

Herber aromatischer Longdrink
Shaker
Longdrinkglas

6 cl Maracuja-Nektar
1 cl Zitronensaft
1 cl Maracujasirup
10 cl Bitter Lemon zum Auffüllen

Die Zutaten mit 5-6 Eiswürfeln im Shaker schütteln und in ein Longdrinkglas mit 3 Eiswürfeln abseihen. Mit Bitter Lemon auffüllen und mit Orangenscheibe und Kirschen dekorieren.

Caribbean Sunrise *

Fruchtiger Longdrink
Shaker
Longdrinkglas

8 cl Orangensaft
10 cl Grapefruitsaft
2 cl Erdbeersirup

Den Orangen- und Grapefruitsaft mit 5-6 Eiswürfeln im Shaker schütteln und in ein Longdrinkglas mit 3 Eiswürfeln abseihen. Den Erdbeersirup vorsichtig über den fertigen Drink ins Glas geben und mit einer Erdbeere dekorieren.

Virgin Colada

Fruchtig süßer Longdrink
Shaker
Longdrinkglas

16 cl Ananassaft
3 cl Kokossirup
1 cl Sahne

Die Zutaten mit 5-6 Eiswürfeln im Shaker schütteln und in ein Longdrinkglas mit 3 Eiswürfeln abseihen. Mit Orangenscheibe und Kirschen dekorieren.

Joko*

Fruchtig aromatischer
Longdrink
Shaker
Longdrinkglas

2 El Naturjoghurt
3 cl Kokossirup
15 cl Ananassaft

Die Zutaten mit 5-6 Eiswürfeln im Shaker schütteln und in ein Longdrinkglas mit 3 Eiswürfeln abseihen. Mit kleinem Fruchtspieß dekorieren.

Banjo*

Fruchtig aromatischer
Longdrink
Shaker
Longdrinkglas

2 El Naturjoghurt
½ Banane püriert
(oder 3 cl Bananensirup)
15 cl Ananassaft

Die Zutaten mit 5-6 Eiswürfeln im Shaker schütteln und in ein Longdrinkglas abseihen. Mit kleinem Fruchtspieß dekorieren.

Rondello*

Fruchtig aromatischer
Longdrink
Shaker
Longdrinkglas

2 El Naturjoghurt
2 cl Mandelsirup
1 cl Grenadine
14 cl Ananassaft

Die Zutaten mit 5-6 Eiswürfeln im Shaker schütteln und in ein Longdrinkglas abseihen.
Mit kleinem Fruchtspieß dekorieren.

Paradiso*

Fruchtig süßer Longdrink
Shaker
Longdrinkglas

15 cl Ananassaft
1 cl Maracujasirup
1 cl Erdbeersirup
1 cl Sahne

Die Zutaten mit 5-6 Eiswürfeln im Shaker schütteln und in ein Longdrinkglas abseihen.
Mit Babyananas und Kirsche dekorieren.

Virgin Mary

Pikanter alkoholfreier
Longdrink
Direkt im Glas
Longdrinkglas

20 cl Tomatensaft
1 dash frischer Zitronensaft
je 1 Prise Pfeffer und
Selleriesalz
1 Bl Worcestersauce
3 dashes Tabasco

Die Zutaten mit 3 Eiswürfeln in einem Longdrinkglas verrühren und mit Sellieriestaude oder Zitronenscheibe dekorieren.

Caddy's Dream*

Fruchtiger herber
Longdrink
Shaker
Longdrinkglas

10 cl Ananassaft
5 cl Orangensaft
2 cl frischer Zitronensaft
2 cl Blue Curaçao alkoholfrei

Die Zutaten mit 5-6 Eiswürfeln im Shaker schütteln und in ein Longdrinkglas mit 3 Eiswürfeln abseihen. Mit Mango und Kirsche dekorieren.

Coco Bana*

Fruchtiger süßer Longdrink
Shaker
Longdrinkglas

15 cl Ananassaft
½ Banane, püriert (oder
2 cl Bananensirup)
2 cl Kokossirup
1 cl Sahne

Die Zutaten mit 5-6 Eiswürfeln im Shaker schütteln und in ein Longdrinkglas mit 3 Eiswürfeln abseihen. Mit Orange und Kirschen dekorieren.

Florida

Fruchtig-herber Longdrink
Shaker
Longdrinkglas

8 cl Orangensaft
8 cl Ananassaft
2 cl Zitronensaft
2 cl Grenadine

Die Zutaten mit 5-6 Eiswürfeln im Shaker schütteln und in ein Longdrinkglas mit 3 Eiswürfeln abseihen. Mit Orangenscheibe und Kirschen dekorieren.

Grapefruitcocktail

Fruchtig-herber Longdrink
Shaker
Longdrinkglas

12 cl Grapefruitsaft
4 cl Orangensaft
1 cl Grenadine

Die Zutaten mit 5-6 Eiswürfeln im Shaker schütteln und in ein Longdrinkglas mit 3 Eiswürfeln abseihen. Mit Grapefruitspalte und Kirschen dekorieren.

Roadrunner*

Fruchtiger Longdrink
Shaker
Longdrinkglas

2 cl Mandelsirup
2 cl frischer Zitronensaft
15 cl Apfelsaft

Die Zutaten mit 5-6 Eiswürfeln im Shaker schütteln, in ein Longdrinkglas mit 3 Eiswürfeln abseihen und mit frischem Obst dekorieren.

Teebowle
(alkoholfrei)

1-1½ l schwarzer Tee
0,5 l Ananassaft
½ Ananas oder 1 Dose
Ananasringe, ungesüßt
1 ungespritzte Zitrone

Tee zubereiten und abkühlen lassen. Mit Ananassaft und geschnittenen Ananas auffüllen und mit Zitronensaft abschmecken. Mit der spiralförmig geschnittenen Zitronenschale garnieren.

TIP

Bei der Herstellung einer guten Bowle sollten Sie folgende Grundregeln einhalten:

1. Verwenden Sie leichte, naturreine Weine.

2. Der Wein für den Ansatz darf Zimmertemperatur haben, alle zugegossenen Getränke (Sekt zum Auffüllen) müssen eiskalt sein.

3. Um das spezifische Aroma zu erhalten, sollten nicht zu viele verschiedene Zutaten verwendet werden.

4. Kühlen Sie Ihre Bowle stets von außen – stellen Sie sie in einen Behälter mit Eis, geben Sie aber keinesfalls Eiswürfel in die Bowle. Sie verwässert sonst.

5. Decken Sie Ihre Bowle ab, damit das Aroma erhalten bleibt.

6. Rühren Sie nicht mehr zu stark, nachdem Sie die Bowle mit Sekt oder Mineralwasser aufgegossen haben.

7. „Verlängern" Sie Ihre Bowle nie, wenn Sie merken, daß Sie nicht reicht.

Teebowle mit Johannisbeeren
(alkoholfrei)

1½ l eisgekühlter Hagebuttentee
0,33 l roter Johannisbeersaft
5 El milder Honig
250 g entstielte Johannisbeeren
1 Limone oder 1 Zitrone

Tee mit Saft und Honig verrühren, die Johannisbeeren zugeben und mit Limonen- oder Zitronenscheiben garnieren.

Pfefferminz-Melonen-Bowle
(alkoholfrei)

8 Beutel Apfeltee
1 Bund frische Pfefferminze
1 l Ananassaft
2 El Honig
1 grünfleischige Melone von ca. 1,3 kg (z. B. Galia oder Ogen)
5 Kiwis
0,5 l Mineralwasser mit Kohlensäure

Den Tee mit 800 ml Wasser überbrühen und ziehen lassen. Nach 3 Minuten die Hälfte der gewaschenen und abgetropften Pfefferminze in den Tee geben. Alles nach insgesamt 5 Minuten herausnehmen und den Tee erkalten lassen. Ananassaft mit Honig verrühren und in ein Bowlengefäß geben. Melone aufschneiden, die Kerne entfernen und mit einem Kugelausstecher Kugeln aus dem Fruchtfleisch stechen. Kiwis schälen und in Scheiben schneiden, mit den Melonenkugeln in das Bowlenglas geben. Den abgekühlten Tee dazugeben, die Bowle abgedeckt etwa 2 Stunden ruhen lassen. Vor dem Servieren die restlichen Pfefferminzblättchen und einige Eiswürfel zugeben.
Mit gut gekühltem Mineralwasser aufgießen und sofort servieren.

Bacardi Fruit Punch

0,7 l Bacardi Rum Light-Dry
25 cl Ananassaft
25 cl Orangensaft
12 cl Zitronensaft
Zuckersirup nach Geschmack
1,4 l Ginger Ale

Rum und die Säfte in ein Bowlengefäß geben, Zuckersirup nach Geschmack hinzufügen und für einige Stunden kühl stellen. Vor dem Servieren glasweise mit kaltem Ginger Ale auffüllen.

Ananasbowle

10 Scheiben Ananas (in Stückchen)
100 g Zucker
1 l Weißwein
6 cl Curaçao dry Orange
Sekt

Die Zutaten in einem Bowlengefäß zwei Stunden ansetzen und kalt stellen. Vor dem Servieren glasweise mit Sekt auffüllen.

Aprikosenbowle

20 Aprikosen (entkernt und gewürfelt)
100 g Zucker
10 cl roter Portwein
2 l Weißwein

Die oberen Zutaten mit 1 l Weißwein in einem Bowlengefäß 30 Minuten ansetzen und kalt stellen. Vor dem Servieren nochmals mit 1 l kaltem Weißwein auffüllen.

Kirschbowle

500 g Kirschen (entkernt)
150 g Zucker
Schale einer Zitrone
1 l Rotwein
Sekt

Die oberen Zutaten mit dem Rotwein in einem Bowlengefäß zwei Stunden ansetzen und kalt stellen. Vor dem Servieren glasweise mit kaltem Sekt auffüllen.

Erdbeerbowle

1 kg Erdbeeren
4 El Puderzucker
1 Minzzweig
1 Fl. trockener Weißwein
1 Fl. trockener Sekt

Erdbeeren waschen, putzen und nach Wunsch halbieren. Erdbeeren, durchgesiebten Puderzucker und Minzblätter in ein Bowlengefäß geben und mit trockenem Weißwein auffüllen. Etwa eine Stunde kalt stellen und ziehen lassen. Beim Servieren glasweise mit kaltem Sekt auffüllen.

Pfirsichbowle

10 Pfirsiche (gewürfelt)
100 g Zucker
10 cl Pfirsichlikör
5 cl Maraschinolikör
1 l Roséwein
Sekt

Die Zutaten mit dem Roséwein eine Stunde ansetzen und kalt stellen. Vor dem Servieren glasweise mit Sekt auffüllen.

Orangenbowle

5 Orangen (geschält und gewürfelt)
150 g Zucker
10 cl Curaçao dry Orange
6 cl Kirschwasser
1 l Weißwein
Sekt

Die oberen Zutaten mit dem Weißwein 30 Minuten ansetzen und kalt stellen.
Vor dem Servieren glasweise mit kaltem Sekt auffüllen.

Waldmeisterbowle (Maibowle)

Waldmeister
150 g Zucker
1,5 l Weißwein
15 geschälte Orangenscheiben
300 g Erdbeeren

Ein Bündel unaufgeblühten Waldmeister an den Stielen zusammenbinden und mit Zucker, Weißwein, den Orangenscheiben und Erdbeeren etwa 30 Minuten im Kühlschrank ansetzen. Den Waldmeister entfernen und mit 1,5 l kaltem Weißwein auffüllen. Keinen Sekt verwenden!

Himbeer-Aprikosen-Bowle

500 g Himbeeren
300 g Aprikosen
Saft einer Limette
4 cl Aprikosenlikör
1 Fl. Roséwein
1 Fl. trockener Sekt

Die Früchte waschen, putzen, die Aprikosen entsteinen und in Spalten schneiden, zusammen mit dem Limettensaft und dem Aprikosenlikör in ein Bowlengefäß geben und mit einer Flasche Roséwein auffüllen. Das Ganze etwa zwei Stunden kalt stellen und beim Servieren glasweise mit dem kalten Sekt auffüllen.

Sangria

10 Orangenscheiben
(geschält und geviertelt)
10 Zitronenscheiben
(geschält und geviertelt
2 Pfirsiche gewürfelt
5 cl Maraschinolikör
5 cl Cointreau
5 cl Brandy
1,5 l Rotwein
0,5 l Mineralwasser

Die Zutaten mit 1,5 l Rotwein eine Stunde im Kühlschrank ansetzen und vor dem Servieren mit Mineralwasser auffüllen.

Rhabarber-Melonen-Bowle

250 g roter Rhabarber
100 g Zucker
1 kg Fruchtfleisch von der Wassermelone
20 cl trockener Sherry
1 Fl. trockener Weißwein
1 Fl. trockener Sekt

Rhabarber putzen und in Stücke schneiden, mit Zucker bestreuen und knapp mit Wasser bedecken. Langsam zum Kochen bringen. Bei kleiner Hitze etwa 10 Minuten ziehen lassen. Kalt stellen. Abgekühlt durch ein Sieb in ein Bowlengefäß gießen. Das Melonenfleisch kugelförmig ausschneiden oder in mundgerechte Stücke schneiden und dazugeben. Sherry und Weißwein darübergießen und abgedeckt etwa 30 Minuten ziehen lassen. Beim Servieren glasweise mit kaltem trockenen Sekt aufgießen. Dekoration: frische Minzeblätter.

Rüdesheimer Kaffee

Direkt in der Tasse
Rüdesheimer Kaffeebecher

4 cl Asbach Uralt
3 Zuckerwürfel
1 Tasse heißer Kaffee
Vanillezucker
Schlagsahne

Den Asbach und den Würfelzucker in der angewärmten Tasse anzünden und etwa eine Minute brennen lassen. Dabei öfter umrühren. Den Vanillezucker dazugeben, mit Kaffee auffüllen und mit Sahnehaube servieren.

Amaretto Amore Mio

Direkt im Glas
Südweinglas oder Cognacschwenker

4 cl Amaretto
Schlagsahne

Amaretto erhitzen, ins Glas füllen und Sahne darauf geben. Mit Schokopulver bestreuen.

Café Coretto

Direkt in der Tasse
Espressotasse

1 cl Grappa
1 Tasse Espresso

Den Grappa in die Tasse geben und mit heißem Espresso aufgießen.

Irish Coffee

Direkt im Glas
Irish-Coffee-Glas

4 cl Irish Whiskey
2 Bl brauner Rohrzucker
1 Tasse heißer Kaffee
Schlagsahne

Den Whiskey mit dem Zucker erhitzen, ins Glas füllen und mit heißem Kaffee auffüllen. Schlagsahne darauf geben und mit Schokopulver bestreuen.
Mit Teelöffel servieren.

Helmut's Ritter-Punsch*

Kräftiger aromatischer Punsch
Kleiner Topf (ca. 2 l)

(Für ca. 10 Gläser)
1 l trockener Weißwein
20 cl frischer Orangensaft
4 cl frischer Limettensaft
100 g brauner Zucker
1 Stange Zimt
2 Gewürznelken
15 cl brauner Jamaika-Rum (73%)

Den Zucker in einem Topf solange erhitzen, bis er karamelisiert. Mit Weißwein ablöschen und die restlichen Zutaten beifügen.
Das Ganze ca. 30 Minuten erhitzen (nicht kochen), in Teegläsern servieren.

Café di Saronno

Aromatischer Hotdrink
Direkt im Glas
Irish-Coffee-Glas

3 cl Amaretto di Saronno
heißer Kaffee
Schlagsahne

Den Amaretto im Glas mit heißem Kaffee auffüllen und Schlagsahne darauf geben. Mit Schokopulver bestreuen.

Café au lait

Leichte Kaffeespezialität
Direkt in der Tasse
Große Kaffeetasse

heißer Kaffee
heiße Milch (3,5 %)

Die Zutaten in eine große Kaffeetasse füllen und nach Belieben zuckern.

Galliano Hotshot

Heißer Shortdrink
Direkt im Glas
Südweinglas

2 cl Galliano
2 cl heißer Kaffee
Schlagsahne

Den Galliano (ein italienischer Kräuterlikör mit ausgeprägtem Vanillearoma) erhitzen, ins Glas geben, den heißen Kaffee vorsichtig dazugießen und Sahne darauf geben.

TIP

Sie sollten für diese Drinks nur feuerfeste Gläser verwenden. Wenn Sie nicht sicher sind, Metallöffel ins Glas stellen, der die Hitze ableitet und bewirkt, daß das Glas nicht springt!

Pharisäer

Direkt im Glas
Irish-Coffee-Glas

4 cl brauner Rum
2 Zuckerwürfel
1 Tasse heißer Kaffee
Schlagsahne

Den Rum mit dem Zucker erhitzen, in das Glas füllen und mit dem Kaffee aufgießen. Schlagsahne darauf geben und mit Schokopulver bestreuen. Mit Teelöffel servieren.

Caragillo

Direkt in der Tasse
Espressotasse

1 cl spanischer Brandy
1 Tasse Espresso

Den Brandy in die Espressotasse geben und mit heißem Espresso aufgießen.

Bacardi Hot Chocolate

(rechte Seite links im Bild)

Direkt im Glas
Feuerfestes Glas

2-4 cl Bacardi Rum Gold
1 Tasse heiße Schokolade
Schlagsahne

Schokolade und Rum in ein Glas geben und mit Sahnehaube und Schokoraspeln servieren.

Bacardi Tropical Café

(rechts im Bild)

Direkt im Glas
Feuerfestes Teeglas

2-4 cl Bacardi Rum Premium Black
1 Tl Zucker
heißer schwarzer Kaffee
Schlagsahne

In eine Tasse starken, heißen Kaffee geben. Den Zucker und Rum hinzufügen, umrühren und mit gesüßter Schlagsahne krönen.
Die Sahne mit etwas Zimt bestäuben.

Fish House Punch

Kräftiger aromatischer Punsch, der auch kalt serviert werden kann
Großer Topf (ca. 6 l)
Teeglas (heiß) oder Longdrinkglas (kalt)

(Für ca. 30 Gläser)
Saft von 10 Limetten
300 g brauner Zucker
3 l Wasser
1 l brauner Rum
30 cl Brandy
30 cl Pfirsichlikör

Das Wasser zum Kochen bringen, die restlichen Zutaten beifügen und in Teegläser füllen. Sie können den Fish House Punch auch abkühlen lassen und in Longdrinkgläsern auf Eis servieren.

Hot Locomotive

Lieblicher aromatischer Glühwein
Direkt im Glas
Teeglas

2 cl Curaçao triple sec oder Cointreau
1 Eigelb
2 Bl Zuckersirup
2 Bl Honig
heißer Rotwein

Die Zutaten der Reihe nach in einem Teeglas gut verrühren und mit heißem Rotwein auffüllen.

TIP

Bitte beachten Sie! Heiße Drinks dürfen nie mit Trinkhalm serviert werden, da man sich sonst sehr leicht verbrennen kann.
Die Sahnehaube, die bei den meisten Hotdrinks den „Deckel“ bildet, hat beim Trinken eine abkühlende Wirkung!

Rotwein-Sternpunsch

2 Fl. milder Rotwein
10 cl Grenadine
Saft von 4 Blutorangen
10 cl Jamaika-Rum 73%
3 Karambolen (exotische Sternfrucht)
Puderzucker

Rotwein, Grenadinesirup und Orangensaft zum Sieden bringen und den Rum dazugeben. Die Sternfrucht in dünne Scheiben schneiden, auf Spieße stecken und mit Puderzucker bestreuen. Den Punsch in Gläser gießen und einen Fruchtspieß darüberlegen.

Feuerzangenbowle

Kräftiger aromatischer Punsch
Feuerfester Topf
Teeglas

Die Romantik der Feuerzangenbowle verzaubert uns jeden Winter aufs neue. Diese durch den Heinz-Rühmann-Film „unsterblich" gewordene Bowle ist eine der stimmungsvollsten Getränkideen für lange Winterabende. Die wesentlichen Zutaten sind:

(Für ca. 20 Gläser)
1 Zuckerhut 250 g
30 cl Jamaika-Rum (73 %)
10 cl Orangensaft
4 cl Zitronensaft
1,4 l Rotwein

Den Rotwein und die Säfte zusammen in einem feuerfesten Topf erhitzen und auf einem Rechaud (Warmhaltevorrichtung mit offener Flamme) warmhalten. Die Feuerzange mit dem mit Rum getränkten Zuckerhut auf den Topf legen.
Den Zuckerhut anzünden und nach und nach den restlichen Rum mit einem Schöpflöffel über den Zuckerhut gießen. Wenn dieser geschmolzen und in den Wein getropft ist, kann die Bowle in Teegläser gefüllt und serviert werden.

Achtung!

Gießen Sie den Rum nie direkt aus der Flasche über den brennenden Zuckerhut, verwenden Sie immer einen Schöpflöffel!

Bull's Milk

Direkt in der Tasse
Große Kaffeetasse

3 cl Brandy
1 cl brauner Jamaika-Rum
Zucker nach Belieben
Milch

Die Zutaten erhitzen und in eine große Kaffeetasse füllen. Die Bull's Milk kann auch kalt, dann aber im Shaker mit Eiswürfeln, zubereitet werden.

Bacardi Fireside

Direkt im Glas
Feuerfestes Teeglas

4 cl Bacardi Rum Light-Dry
1 Tl Zucker oder Kandis
heißer schwarzer Tee
1 Zitronenscheibe
1 Zimtstange

Zucker und Zitronenscheibe in ein großes Tee- oder Grogglas geben. Rum zufügen und mit dem Tee auffüllen. Die Zimtstange beigeben und umrühren.

Hot Buttered Rum

Kräftiger Rum-Hotdrink
Direkt im Glas
Teeglas

4 cl brauner Jamaika-Rum
2 Bl Zucker
ca. ½ El Butter
heißes Wasser

Den Rum mit dem Zucker erhitzen und in ein Teeglas geben. Mit heißem Wasser auffüllen, Butter zufügen und umrühren. Etwas Muskatnuß über den fertigen Drink reiben.

Fruchtiger Silvesterpunsch

Saft von 2 Zitronen
Schale von 1 Zitrone
Saft von 2 Orangen
Schale von 1 Orange
250 g Zucker
2 Fl. trockener Rotwein
20 cl Jamaika-Rum (73 %)

1½ l Wasser, Zitronen- und Orangenschale und Zucker aufkochen lassen. Wein und Rum dazugeben und erhitzen. Nicht kochen!
Den Fruchtsaft durch ein Sieb dazugießen und heiß servieren.

Prairie Oyster

„Der Drink danach" wird auch gern als „Ausnüchterungscocktail" gereicht
Direkt im Glas
Cocktailglas

1 dash Olivenöl
1 Eigelb
2-3 El Tomatenketchup
1 dash Zitronensaft
3 dashes Tabasco
1 Bl Worcestersauce
1 Prise Salz
1 Prise Pfeffer
1 Prise Paprika

Das Cocktailglas mit Olivenöl ausschwenken und alle Zutaten außer dem Eigelb und dem Paprika im Glas vorsichtig verrühren.
Das Eigelb darauf geben und den Paprika darüber streuen.
Mit Serviette und einem Teelöffel servieren.

Apotheke

Süßlich-bitterer Shortdrink nach dem Abendessen oder bei Unwohlsein
Rührglas
Cocktail- oder Südweinglas

2 cl Fernet Branca
2 cl Martini rosso
1 cl Pfefferminzlikör

Die Zutaten mit 4-5 Eiswürfeln im Rührglas verrühren und in ein Cocktail- oder Südweinglas abseihen.

Doctor

Drink nach dem Abendessen mit leichtem Anisgeschmack
Direkt im Glas
Südweinglas

2 cl Pernod
2 cl Fernet Branca

Die Zutaten ins Glas geben und servieren.

Bull Shot

Würziger Reviver
Shaker
Longdrinkglas

6 cl Wodka
10 cl Rindsbouillon (kalt)
1 dash Worcestersauce
Selleriesalz und Pfeffer nach Geschmack

Die Zutaten mit 5-6 Eiswürfeln im Shaker schütteln und in ein Longdrinkglas abseihen.

3rd of September

(Peter Stadler, Hans Jörg Walzl und Helmut Süss, Taverne/Bad Griesbach 1989)

Würziger Pick me up
Shaker
Longdrinkglas

6 cl Gin
10 cl Tomatensaft
3 dashes Tabasco
1 Bl Worcestersauce
je1 Prise Selleriesalz, Pfeffer und Paprika
1 dash Zitronensaft
1 Ei

Die Zutaten mit 5-6 Eiswürfeln im Shaker kräftig schütteln und in ein Longdrinkglas abseihen.

Harry's Pick me up

(Harry Mac Elhone, Harry's New York Bar/Paris 1925)

Trockener würziger Champagnercocktail
Shaker
Sektglas

4 cl Cognac
1 cl Zitronensaft
1 Bl Grenadine
trockener Champagner zum Auffüllen

Die Zutaten mit 5-6 Eiswürfeln im Shaker schütteln und in ein Sektglas abseihen. Mit eiskaltem trockenen Champagner auffüllen.

No Way Out*

Aromatischer Katerdrink
Shaker
Longdrinkglas

1 Eigelb
10 cl Milch
4 cl Portwein rot
10 cl Zuckersirup

Die Zutaten mit 5-6 Eiswürfeln im Shaker schütteln und in ein Longdrinkglas abseihen.

Bloody Mary

Pikanter, leicht
alkoholischer Longdrink
Direkt im Glas
Longdrinkglas

4 cl Wodka
1 dash Zitronensaft
je 1 Prise Pfeffer und Selleriesalz
1 Bl Worcestersauce
3 dashes Tabasco
15 cl Tomatensaft

Die Zutaten in einem Longdrinkglas mit 3 Eiswürfeln verrühren. Entweder mit Selleriestaude oder Zitronenscheibe dekorieren.

Die „Bloody Mary" wurde 1921 von Pete Petiot in der Harry's New York Bar in Paris kreiert. Dieses Getränk läßt sich ohne weiteres alkoholfrei herstellen, indem man einfach den Wodka wegläßt. Der Drink heißt dann „Virgin Mary".

COCKTAILS UND LONGDRINKS

Bei Cocktails handelt es sich immer um Shortdrinks bis etwa 7 cl Gesamtmenge. Als Longdrinks bezeichnet man alle Drinks, die mehr als 7 cl Inhalt aufweisen, wobei bei Cocktail/Longdrinkturnieren von der IBA (International Bartender Association) bei Longdrinks mindestens 14 cl Gesamtmenge vorgeschrieben sind.

Für Mixgetränke gibt es vier Zubereitungsarten:
IM SHAKER werden Drinks zubereitet, die aus schwer vermengbaren Zutaten wie z. B. Eiern, Milch, Sahne, Sirups usw. bestehen. Drinks, die geschüttelt werden, sind immer trüb.
IM RÜHRGLAS bereitet man Drinks zu, die aus leicht vermengbaren Zutaten bestehen. Drinks, die gerührt werden, bleiben klar.
IM ELEKTRISCHEN MIXER werden entweder „Frozen Drinks" (wie Trinkeis) oder Drinks mit frischen Früchten hergestellt.
DIREKT IM GÄSTEGLAS: Einige Drinks werden auf Eis gerührt und auf Eis serviert. Diese kann man direkt im Gästeglas zubereiten.

Egal, ob man einen Drink schüttelt oder rührt, beides hat zwei Funktionen:
1. Schütteln oder Rühren dient dem Vermengen der Zutaten.
2. Durch Schütteln oder Rühren auf Eis kühlt man den Drink sehr rasch ab, ohne ihn zu verwässern.

WELCHER DRINK PASST WANN?

Welcome Drinks

Zur Begrüßung Ihrer Gäste eignen sich Sektcocktails sehr gut, da diese auch als Aperitif dienen können. Außerdem können Sie die Basismischung auch in einem größeren Gefäß vorbereiten und kaltstellen. Sie müssen dazu nur die Mengenangabe des jeweiligen Rezeptes mit der Anzahl der benötigten Drinks multiplizieren. Wenn Ihre Gäste eintreffen (oder kurz davor) verteilen Sie die vorbereitete Mischung auf die Gläser und füllen sie dann mit eiskaltem Sekt auf. So sind Ihre Drinks frisch und Sie haben trotzdem Zeit zur Begrüßung.
Cocktailbeispiele: April Flower, Bellini, Kir Royal und Flying.

Am Nachmittag

Zu dieser Tageszeit eignen sich Drinks mit geringem Alkoholgehalt am besten. Die Longdrinks in der Kategorie „Likör" passen zu dieser Gelegenheit sehr gut.
Weitere Cocktailempfehlungen: Tom Collins, Pedro Collins, Jack Collins, Pierre Collins, Caspare Collins, Rum Collins, Joe Collins und Amaretto Apfelsaft.

Zum Kaffee
Siehe „Nach dem Essen".

Aperitifcocktails
Ein Aperitifcocktail zeichnet sich durch zwei Eigenschaften aus: Zum ersten sollte er möglichst wenig Zucker enthalten, um den Geschmack des Essens nicht zu sehr zu beeinflussen, zum zweiten muß die Gesamtmenge gering sein, um nicht zu sättigen. Auch diese Drinks lassen sich in benötigter Menge vorbereiten und dann unmittelbar vor dem Servieren kaltgestellt in Gläser füllen.
Cocktailbeispiele: Martini Cocktail, Manhattan, Rob Roy, Bamboo, Appetizer, V. W. Bonn 2000, Classico Wodka Gimlet sowie verschiedene Camparivariationen.

Zum Essen
... trinkt man keine Cocktails, da die Geschmacksintensität eines Drinks die des Essens zu sehr beeinflußt!

Nach dem Essen zum Kaffee, „After Dinner Drinks"
Hier reicht man meist Shortdrinks, die nicht mehr als 7 cl Gesamtmenge haben und in der Regel süßer als Aperitifs sind. Sie sollen die Verdauung anregen, passen aber auch ausgezeichnet zu Kaffee.
Cocktailempfehlungen: Alexander, Grasshopper, B&B, Cherry Bliss, White Russian, Slippery Nipple, Heartbreaker und Lady Love.

Bei Völlegefühl
Nach zu reichhaltigem Essen empfehle ich Ihnen: Apotheke, Doctor, Harry's Pick me up

Gäste am Abend
Hier entscheidet Ihr Geschmack, die Vorlieben Ihrer Gäste und nicht zuletzt Ihre Hausbar darüber, was Sie anbieten können. Vergleichen Sie aber auf alle Fälle die Zutaten der verschiedenen Drinks, denn je mehr Übereinstimmung hier herrscht, um so weniger Flaschenbestand ist nötig. Ich würde Ihnen bei der Auswahl der Drinks die „drei namenlosen Rezepte" von Seite 158 empfehlen. Noch ein Tip: Wenn Sie zum Beispiel eine Pina Colada anbieten und den Rum weglassen, haben Sie automatisch eine alkoholfreie Alternative für Ihre Gäste.
Coctailbeispiele: Piña Colada, Planter's Punch, Margarita, Daiquiri, Whiskey Sour, Caipirinha, Bahama Mama, Bowlen.

Kinderparty
Daß man bei diesen Gästen auf Alkohol verzichtet, versteht sich von selbst. Aber auch Ihre erwachsenen Gäste sind dankbare Abnehmer alkoholfreier Alternativen zu Wasser, Cola, Limo usw.
Cocktailempfehlungen: Neben alkoholfreien Bowlen sind folgende alkoholfreie Drinks bestimmt die Renner: Balu, Sin Colada, Florida, Whirl Pool, Majo, Joko, Banjo und Orange Velvet.

Am Tag danach
Dieses Drinks helfen Ihnen, wenn Sie irgendetwas nicht vertragen haben, wieder auf die Beine.
Cocktailempfehlungen: Prairie Oyster, Bloody Mary, Bull Shot, No Way Out und 3rd of September.

Hier noch einige Drinkgruppen, die sich im Laufe der Zeit entwickelt haben und heute noch von Bedeutung sind. Es handelt sich hierbei um Basisrezepte, oft unabhängig von den verwendeten Spirituosen.

BATIDAS
Die Batidas stammen aus Brasilien und sind Longdrinks auf Basis von Cachaca (Zuckerrohrschnaps). In der Regel werden sie genauso zubereitet wie die Coladas, nur eben mit der anderen Basisspirituose. In Brasilien selbst findet man alle paar Meter eine Bar, die sich damit rühmt, das beste Batidarezept zu besitzen. Im Vordergrund (geschmacklich) steht dabei immer möglichst viel Cachaca. Für den mitteleuropäischen Geschmack meist zu viel!

BOWLEN (mit Likör oder Spirituose „Cup“)
Sie bestehen meist aus Früchten, die man mit Spirituosen, Likören und Säften ansetzt und vor dem Servieren mit Sekt oder Mineralwasser aufgießt.

COLADAS
Coladas sind erfrischende, meist süßliche Longdrinks und haben als Basisspirituose oft Rum, dazu kommen Sirups und Fruchtsäfte. Der bekannteste Drink dieser Familie ist die Piña Colada.

COLLINSES
Sie sind sehr erfrischend, gehören zu den Longdrinks und bauen immer auf dem gleichen Grundrezept auf:
4 cl Spirituose, 2 cl frischer Zitronensaft,
1 cl Zuckersirup.
Das Ganze wird mit ca. 10 cl Soda aufgefüllt.
Ihr Name (oft typisch für ein bestimmtes Land) leitet sich immer von der verwendeten Spirituose ab. Collinses dekoriert man klassisch mit Zitronenscheibe, Kirsche und Trinkhalm.
Zu den bekanntesten gehören: Tom Collins (mit Gin), Joe Collins (mit Wodka), Jack Collins (Apple Brandy oder Calvados), Pepito Collins (mit Tequila), Pedro Collins (mit weißem Rum), Sandy Collins (mit Scotch Whisky).

EGG NOGS
Die Egg Nogs kommen aus Amerika und werden dort sehr gerne als Katerdrinks, aber auch nachmittags getrunken. Sie gehören zu den Hotdrinks, können aber genausogut kalt im Shaker zubereitet werden.
Egg Nogs bestehen aus einem Eigelb (daher

der Name), einer Spirituose oder einem Likör, Zucker, Milch und Muskatnuß.

FIZZES

Die Fizzes bauen auf dem gleichen Grundrezept wie die Collinses auf. Es enthält immer 4 cl Spirituose, 2 cl Zitronensaft, 1 cl Zuckersirup und wird nach dem Schütteln mit einem Schuß Soda (ca. 5 cl) aufgefüllt.

FLIPS

Die Flips sind mit den Egg Nogs verwandt und sehr nahrhaft. Sie werden im Shaker zubereitet und bestehen aus einer Spirituose, Zucker, einem Eigelb und Muskatnuß.
Zu den bekanntesten gehören Sherry Flip, Porto Flip und Brandy Flip.

FRAPPÉS

Die bekanntesten Frappés sind die Likör-Frappés. Dabei werden die verwendeten Liköre, z. B. Pfefferminzlikör, in einem völlig mit Shaved ice (geschabtem Eis) oder Crushed ice gefüllten Cocktailglas serviert.

FROZEN-DRINKS

In der Regel lassen sich alle Drinks, die geschüttelt werden, als Frozen Drinks herstellen. Gerührte Drinks eignen sich wenig oder gar nicht dazu, da die verwendeten Aromageber durch die hohe Menge an Eis zum Teil oder ganz verloren gehen.
Zum Herstellen von Frozen Drinks nimmt man die im Rezept angegebenen Zutaten, gibt sie in einen elektrischen Mixer und gibt soviel Crushed ice dazu, daß die Zutaten völlig bedeckt sind. Nun mixt man sie ca. 8–10 Sekunden und füllt sie in das entsprechende Glas um. Frozen Drinks sind, wie ihr Name schon sagt, sehr kalt und haben eine Konsistenz wie Trinkeis.
Bei Longdrinkrezepten, aus denen Sie einen Frozen Drink herstellen, ändert sich am zu verwendenden Glas nichts. Bei Cocktailrezepten wie z. B. einem Daiquiri benötigen Sie nach der Zubereitung als Frozen Drink einen Whiskytumbler, da das Cocktailglas für die größere Menge nicht ausreicht.
Die bekanntesten Frozen Drinks sind Frozen Fruit Daiquiris und Frozen Margaritas.

JULEPS

Die Juleps gehören zu den Longdrinks, die vor allem in den USA und England sehr beliebt sind.
Zur Herstellung benötigt man immer frische Krauseminze, die in einem Longdrinkglas oder Whiskytumbler zusammen mit Zuckersirup zerdrückt wird, um ihr Aroma abzugeben. Anschließend entfernt man die Minze wieder aus dem Glas, füllt es zu 4/5 mit Crushed ice und gibt die in der Rezeptur vorgeschriebene Spirituose dazu
Zu den bekanntesten gehören der Brandy Julep, der Mint Julep und der Mojito.

MILCHSHAKES

Milchshakes sind sehr nahrhafte Longdrinks, die meist auf Basis von Früchten, Fruchteis, Sahne und Milch hergestellt werden.

SOURS

Sours sind Shortdrinks, die mit den Fizzes verwandt sind. Das Basisrezept besteht immer aus 4 cl einer Spirituose, 2 cl Zitronensaft und 1 cl Zuckersirup.

Die klassische Sourgarnitur ist eine Orangenspalte mit Kirschen.

Diese Checkliste hilft Ihnen bei der Vorbereitung und Durchführung Ihrer Cocktailparty. Sie können sie sich kopieren, da immer wieder neue, für Sie wichtige Notizen anfallen, für die bei mehrmaliger Verwendung der Platz nicht ausreicht.

DIE PLANUNG IHRER COCKTAILPARTY

Vorweg ein paar wichtige Punkte:

1. Beschränken Sie sich bei der Auswahl der Rezepte auf maximal vier bis sechs Drinks (drei mit und drei ohne Alkohol).
2. Welche Drinks am besten zu welcher Gelegenheit passen, finden Sie auf Seite 153.
3. Vergleichen Sie die Zutaten der ausgewählten Rezepte miteinander. Je mehr Zutaten in mehreren Rezepten gleichzeitig enthalten sind, um so geringer ist der Aufwand.
4. Viele meiner Gäste, für die ich immer wieder Mixkurse abhalte, arbeiten nach den folgenden drei Rezeptvorschlägen. Diese haben den Vorteil, daß Sie sie nach dem Bestand Ihrer Hausbar gestalten können:

„Die drei Namenlosen“

Alkoholfrei fruchtig-herb

8 cl Ananassaft
8 cl Orangensaft
1 cl Zitronensaft
2 cl Fruchtsirup (z. B. Erdbeer, Maracuja, Grenadine, Mandel usw.)

Die Zutaten mit 5–6 Eiswürfeln im Shaker schütteln und in ein Longdrinkglas mit 3 Eiswürfeln abseihen. Falls Sie den Drink lieber etwas süßer wollen, ersetzen Sie den Zitronensaft durch die gleiche Menge Sahne. Der Drink wird dann fruchtig-süß.

Ein „Lightdrink“ mit etwas Alkohol

4 cl Fruchtlikör (z. B. Pfirsich, Aprikose, Kirsche, Red Orange, Amaretto usw.)
2 cl Zitronensaft
10 cl Orangensaft

Die Zutaten mit 5–6 Eiswürfeln im Shaker schütteln und in ein Longdrinkglas mit 3 Eiswürfeln abseihen. Auch dieser Drink wird fruchtig-süß, wenn Sie den Zitronensaft durch 1 cl Sahne ersetzen.

Oder etwas mit Pfiff

Nehmen Sie das obige Rezept und halbieren Sie die Likörmenge auf 2 cl. Ergänzen Sie das Rezept jetzt um zusätzlich 3 cl Ihrer Lieblingsspirituose (z. B. Rum, Whiskey, Gin, Wodka, Himbeergeist, Williams usw.). Sie erhalten dann einen fruchtigen Longdrink, bei dem das Aroma Ihrer verwendeten Spirituose sehr exotisch zum Vorschein kommt. Die Zubereitung entspricht der des „Lightdrinks“.

Wichtig: Probieren Sie die Drinks erst, bevor Sie sie Ihren Gästen zubereiten. Sie finden so heraus, was zusammen am besten harmoniert und letztendlich gut schmeckt.

DER EINKAUF

- Gehen Sie von etwa 4 Drinks pro Gast aus. Falls Sie Ihren Gästen einen Aperitifcocktail servieren, genügen zwei pro Gast.

- Sie erhalten über die Rezeptangabe die benötigte Menge in cl.

- Überprüfen Sie, bevor Sie die Zutaten für Ihre Drinks einkaufen, ob Sie alle Geräte zur Zubereitung und die benötigten Gläser zu Hause haben.

- Kaufen Sie Ihre Geräte am besten im Gastronomiefachhandel. Die Firmenanschriften finden Sie im Branchenfernsprechbuch unter „Gastronomiegeräte“ und „Großküchentechnik“. Dort werden Sie fachlich korrekt beraten.

- Denken Sie beim Einkauf der Zutaten an die Garnituren der Drinks. Neben den Garniturvorschlägen beim jeweiligen Rezept eignen sich für Ihre private Cocktailparty auch kleine Fruchtspieße (Holzspieße mit Ananasstückchen, Kirschen, Erdbeeren, etc.) sehr gut.
  Motto: Einfach, passend und effektvoll!

- Falls Sie Eis in größeren Mengen benötigen, fragen Sie in einem Hotel oder Gastronomiebetrieb in Ihrer Nähe, ob man Ihnen gegen geringes Entgelt Eis zur Verfügung stellt. Zum Transport und zur Lagerung eignen sich Picknick-Kühlboxen sehr gut.

- Gehen Sie Ihre Checkliste nochmals durch und haken Sie alle Punkte ab, dann kann nichts mehr schiefgehen.

CHECKLISTE

- Notieren Sie Ihre Rezepte!!

- Stehen alle Zutaten bereit?

- Haben Sie an Ihre Garnituren gedacht?

- Stehen alle Geräte bereit?

- Ist genügend Eis vorhanden?

- Stehen die benötigten Gläser zur Verfügung?

- Für Longdrinks benötigen Sie Trinkhalme!

Die nachfolgende Warenkunde soll Ihnen bei Fragen über die an der Bar gebräuchlichen Spirituosen, Liköre etc. als Nachschlagewerk dienen. Hier sind die für Sie wichtigen Informationen über Herstellung und zum Teil Herkunft der einzelnen Getränke in einfacher und leicht verständlicher Form zusammengefaßt.

ALKOHOL

Der Name „Alkohol" leitet sich von den arabischen Wörtern „alko" und „hol" ab und bedeutet soviel wie „der Berauschende".
Eingeführt hat den Begriff der berühmte Arzt und Philosoph Paracelsus.
Alkohol ist eine wasserklare Flüssigkeit mit scharfem Geruch und brennendem Geschmack. Bei Alkohol, den wir als Trinkalkohol bezeichnen, handelt es sich um Äthylalkohol.
Die Herstellung von Alkohol bzw. der uns bekannten Spirituosen läuft immer nach demselben Schema ab (siehe Grafik): die Gewinnung von Alkohol durch Hefegärung.
Grundsätzlich unterscheidet man zwischen der Gärung (sie ergibt niederprozentigen Alkohol) und der Destillation (sie ergibt hochprozentigen Alkohol).
Es gibt verschiedene Arten der Destillation, die jedoch alle dem gleichen Zweck dienen: der Erhöhung des Alkoholgehalts. Um dies zu erreichen, bedient man sich eines einfachen Naturgesetzes: Alkohol verdunstet im Gegensatz zu Wasser nicht bei 100 °C, sondern bereits bei 78,3 °C. Die vergorene Maische wird soweit erhitzt, bis der Alkohol zu verdunsten beginnt. Man fängt ihn auf und kühlt ihn wieder ab. Diesen Vorgang nennt man Destillation oder auch Brennen.
Je öfter der Vorgang wiederholt wird, um so höher ist der Alkoholgehalt.

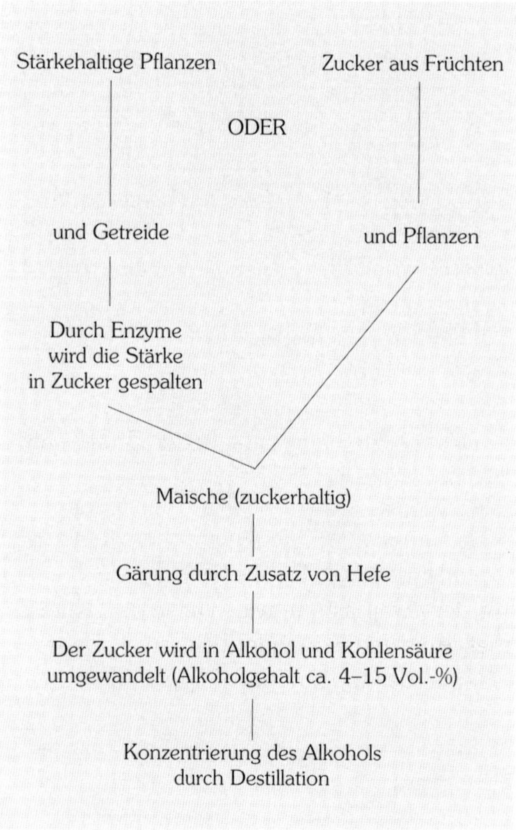

AQUAVIT

Der Name stammt aus dem Lateinischen: „aqua vitae" bedeutet Lebenswasser.
Als Basis dient reiner, fast geschmacksneutraler Alkohol aus Kartoffeln oder Getreide mit 96 Vol.-%. Er wird zusammen mit Dill, Fenchel, Kümmel, Nelken, Sternanis und anderen Zutaten destilliert. Bei Spitzenprodukten erfolgt die Lagerung meist in Sherry- oder Portweinfässern.
Die Haupterzeugerländer sind Dänemark, Finnland, Norwegen und Schweden. Aber auch in Deutschland wird Aquavit produziert.
Man trinkt ihn am besten eiskalt als Digestif.
Die bekanntesten Marken sind Aalborg (Dänemark), Linie (Norwegen), Malteserkreuz und Bommerlunder (Deutschland).

GENEVER

Der Begriff stammt vom lateinischen Wort „juniperus" und vom französischen „genièvre" (Wacholder) ab. Genever ist die beliebteste Spirituose in Holland.
Die Basis bildet Malz aus Gerste, Roggen und Mais. Die daraus gewonnene Maische wird dreimal destilliert, im letzten Brennvorgang werden Aromastoffe wie Wacholder, Kümmel, Anis und Koriander beigesetzt. Dabei entsteht der sogenannte „Moutwijn" (Malzwein).
Die besten Genever lagern mehrere Jahre in Eichenfässern. Man unterscheidet zwischen:
Oude (altem) **Genever**, bei dem neben neutralem Alkohol aus Getreide mindestens 5 % Moutwijn enthalten sein müssen. Er dient als Geschmacksträger, bei guten Marken ist der Anteil höher.
Jonge Genever ist ein einfacher, klarer Kornbranntwein, mit wenig oder ohne Moutwijn hergestellt.
Citronengenever besitzt ausgeprägtes Zitronenaroma.
Bessengenever wird aus Fruchtsaft (Johannisbeere) und Genever gemischt.
Dessengenever ist ein leicht süßlicher Genever.
Man trinkt den zwischen 38 und 42 Vol.-% starken Genever meist eiskalt als Digestif nach dem Essen oder zum Bier.
Die bekanntesten Marken sind Bookma, Bols, De Kuyper.

GIN

Der Name leitet sich ebenso wie beim holländischen Genever vom französischen „genièvre" (Wacholder) ab. König Wilhelm III. von Oranien brachte, als er 1689 zum König von England, Schottland und Irland gekrönt wurde, den Genever aus Holland auf die britischen Inseln mit. Für den englischen Sprachgebrauch war das Wort Genever zu schwer auszusprechen, und im Laufe der Jahre entwickelte sich daraus das Wort Gin.
Gin, in der Qualitätsform wie wir ihn heute kennen und trinken, gibt es erst seit Anfang des 20. Jahrhunderts.

Seine Basis bilden Gersten- und Roggenmalz. Bei der Herstellung unterscheidet man zwischen zwei Methoden. Entweder werden die aufsteigenden Alkoholdämpfe beim Destillieren über eine Siebkonstruktion geleitet, auf die man frische Wacholderbeeren und andere Gewürzstoffe legt, deren Aroma von den Dämpfen aufgenommen wird; oder es werden die Wacholderbeeren sowie andere Gewürzstoffe wie Koriander, Mandeln, Kardamon in Kornbrand eingeweicht und anschließend zum Destillieren der Kornmaische beigesetzt.
Gin lagert nach dem Destillieren in Edelstahltanks oder Tanks mit Glasbeschichtung, was nicht der Reifung, sondern dem Homogenisieren dient. Je länger man Gin (vor der Abfüllung) lagert, um so mehr Aromastoffe werden abgebaut.
Man unterscheidet je nach Herstellungsmethode und verwendeten Gewürzstoffen folgende Ginarten:
Dry Gin/London Dry Gin ist ein ungesüßter Gin mit 37,5 bis 45 Vol.-%.
Old Tom Gin/Plymouth Gin ist ein leicht gesüßter Gin.
Sloe Gin besitzt Schlehenaroma, **Almond Gin** das von Bittermandeln, **Lemon Gin** das von Zitronen und **Orange Gin** wird mit Bitterorangenaroma hergestellt.
Gin ist eine der wichtigsten Spirituosen der Bar, er wird fast ausschließlich zum Mixen verwendet.

Bekannte Marken sind Gordon's, Beefeater, Booth's, Tanqueray, Seagram's, Bombay.

Der deutsche Verwandte von Gin ist der „Steinhäger", auch wenn es sich bei ihm um keinen reinen Getreidebranntwein handelt – Steinhäger wird aus vergorener Wacholdermaische, neutralem Alkohol, frischen Wacholderbeeren und Wasser destilliert.

KORN

Diese im norddeutschen Raum meistverkaufte Spirituose wurde früher als Medizin hergestellt. Die Basis bildet Weizen, Gerste, Roggen, Hafer oder Buchweizen. Es ist verboten, Korn bei der Herstellung mit ätherischen Ölen zu aromatisieren. Ausnahme: kleine Mengen an Aromagebern wie Zimt, Nelken, Koriander oder Anis.
Echter Korn hat einen Alkoholgehalt von mindestens 32 Vol.-%.
Bei Doppelkorn, Edelkorn, Doppelweizen und Kornbrand beträgt der Alkoholgehalt mindestens 36 Vol.-%.
Der **Klare** wird im Gegensatz zum Korn aus Kartoffeln, Mais und Hirse hergestellt. Sein Mindestalkoholgehalt beträgt 32 Vol.-%.

WHISK(E)Y

Das Wort „Whisk(e)y" ist eine Abkürzung des gälischen/keltischen Wortes „uisge beatha" oder „usquebaugh". Es bedeutet wie das lateinische „aqua vitae" Wasser des Lebens.

Die Urheimat des Whisk(e)y sind Schottland und Irland.
Für große Verwirrung sorgt oft die Schreibweise. Nach dem Oxford Dictionary sind sowohl Whisky als auch Whiskey zugelassen. Grundsätzlich kann man jedoch sagen, daß man amerikanische und irische Whiskies mit „e", schottischen und kanadischen Whisky ohne „e" schreibt.
Whiskies werden aus verschiedenen Getreidesorten wie Gerste, Roggen, Mais, Hafer und Weizen hergestellt. Die Lagerzeiten schwanken zwischen drei und zwölf, bei manchen ausgesuchten Sorten bis über 30 Jahre. Werden Whiskies miteinander verschnitten, dann bezieht sich die Altersangabe auf dem Etikett immer auf das jüngste Teildestillat. Die Lagerung findet in Eichen-, bzw. alten Sherry- oder Portweinfässern statt.
Whiskies werden wie die meisten Spirituosen, vor der Abfüllung mit klarem Quellwasser auf Trinkstärke herabgesetzt. Ihr Alkoholgehalt beträgt in der Regel 40-43 Vol.-%, manchmal bis zu 57 Vol.-%.
Das Thema Whisk(e)y ist eines der umfangreichsten in der Welt der Spirituosen. Einen Überblick der für Sie wichtigsten Kriterien und Unterschiede gibt Ihnen die nachstehende, vereinfachte Zusammenfassung.
Der schottische **Single Malt Whisky** (Single Pure Malt) stammt grundsätzlich aus einer einzigen Brennerei und wird ausschließlich aus Gerstenmalz hergestellt.
Ein **Vatted Malt** besteht aus Single Pur Malts verschiedener Brennereien.
Der **Blended Scotch Whisky** ist ein hochwertiger Verschnitt verschiedener Malts, Vatted Malts sowie Grain Whiskies. Letztgenannter **Grain Whisky** besteht aus verschiedenen Getreidesorten und kommt nur sehr selten und ohne Altersangabe als Flaschenabfüllung in den Handel. Der typische Malz- und Torfgeschmack sowie die rauchige Note kommen vom Darren des Malzes über Torffeuer.
Irish Whiskey wird aus verschiedenen Getreidesorten wie Gerste, Weizen, Roggen oder Hafer hergestellt. Gelagert wird er in gebrauchten Sherry-, Rum- oder Bourbonfässern. Die Bezeichnung „Blending" (Verschneiden) wird beim irischen Whiskey nicht benutzt. Die Iren nennen dies „VATTING" (vom englischen „vat" Faß).
Canadian Whisky wird zum größten Teil (meist über 50 %) aus Mais hergestellt, es werden jedoch auch Gersten-, Roggen- und Weizenmalz verwendet. Die Mindestlagerzeit von Canadian Whisky beträgt zwei Jahre in Eichenfässern.
American Whiskey (in Ausnahmefällen ohne „e" geschrieben) wird aus Gerste, Roggen und Mais hergestellt. Je nachdem, welche Getreidesorte bei der Herstellung überwiegt, tragen die American Whiskies verschiedene Bezeichnungen: **Rye Whiskey** besteht aus mindestens 51 % Roggenmaische. Der bei uns wohl bedeutendste American Whiskey ist

der **Bourbon Whiskey,** bei dem die Maische aus mindestens 51 % Mais besteht.
Straight Bourbon besteht aus mindestens 51 %, höchstens aber 79 % Maismaische. Er wird sowohl im „Sourmash" als auch im „Sweet- oder Mellowmash"-Verfahren hergestellt. Sourmash bedeutet, daß beim Würzen der Maische, Maischrückstände aus dem vorangegangenen Gärprozeß beigefügt werden, was den Gärvorgang beschleunigt. Beim Sweet- oder Mellowmash-Verfahren verzichtet man darauf.
Bei **Blended Bourbon Whiskies** werden mehrere Bourbons mit 51 % Straight Bourbon verschnitten. **American Blended Whiskey** ist eine Mischung aus Bourbon-, Rye- und Grainwhiskies.
Eine Besonderheit bei allen American Whiskies stellt jedoch die Lagerung dar, bei der angekohlte Fässer aus amerikanischer Weißeiche verwendet werden, was ihnen ihren charakteristischen Geschmack verleiht.

Einige bekannte Marken:
Malt Whisky: Glenfiddich, The Glenlivet, Glenmorangie, Highland Park, Cardhu, Dalwhinnie, Knockando, Lagavullin, Talisker, Laphroig, Bowmore, Auchentoshan.
Scotch Whisky: Ballantines, Black & White, Chivas Regal, Dimple, Johnnie Walker, J&B, Vat 69, Grant's
Irish Whiskey: Tullamore Dew, John Jameson, Paddy, Bushmills
Canadian Whisky: Canadian Club, Seagram V.O., Crown Royal
American Whiskey: George Dickel, Four Roses, Jack Daniel's, Jim Beam, Old Crow, Old Grand Dad, Wild Turkey

WODKA

„Wodka" kommt aus dem Russischen und bedeutet soviel wie „Wässerchen".
Hergestellt wird er aus Gerste, Weizen, Roggen oder Kartoffeln.
Die eigentlichen Ursprungsländer sind zwar Rußland und Polen, man erzeugt Wodka heute aber auch in Amerika, Finnland, Schweden, Deutschland und Frankreich.
Wodka wird nach dem Destillieren über Holzkohlenfilter oder über Kohle filtriert, bis er möglichst weich und geschmacksneutral ist.
Manche Hersteller aromatisieren ihre Produkte mit Bison- und Büffelgras sowie mit Zitrusfrüchten, Äpfeln, Sauerkirschen und Schlehen.
Nach der Lagerung in Edelstahltanks oder glasierten Steingutbehältern wird er mit destilliertem Wasser auf seine Trinkstärke von 37-55 Vol.-% gebracht.
Wenn Wodka pur genossen wird, sollte er immer eiskalt sein.

Einige bekannte Marken sind: Absolut (Schweden), Eristoff (verschiedene Länder), Finnlandia (Finnland), Moskovskaya (Rußland), Gorbatschow (BRD), Wyborowa (Polen).

Bei Obstdestillaten unterscheidet man zwischen Obstbränden (aus Kernobst, Steinobst oder Beeren), Obstgeisten und Obstwässern.

OBSTGEIST

Da die bei der Herstellung verwendeten Früchte oft zu wenig Eigenzucker enthalten, um selbst zu vergären, werden sie vor der Destillation mit hochprozentigem Alkohol versetzt, um die Geschmacksstoffe zu lösen. Häufige Grundlage für Geiste bilden z. B. Himbeeren, Brombeeren und Johannisbeeren, aber auch exotische Früchte wie Banane, Maracuja, Mango, Papaya und andere. Obstgeiste haben einen Mindestalkoholgehalt von 40 Vol.-%, meist aber mehr. Der bekannteste Obstgeist ist der Himbeergeist.

OBSTWASSER

Beim Obstwasser wird die vergorene Fruchtmaische destilliert, wobei keinerlei andere Beigaben erlaubt sind. Wässer werden meist aus Steinobst hergestellt. Die verwendeten Steinobstsorten reichen von Aprikosen, Kirschen, Pfirsichen und Pflaumen bis zu Mirabellen.
Der Alkoholgehalt bei Obstwässern liegt bei mindestens 40 Vol.-%.
Bekannte Obstwässer sind Zwetschgenwasser, Pflümli und Sliwowitz (aus Pflaumen), Marillenbrand, Barack Palinka (aus Aprikosen), der Elsässer Mirabelle und das Kirschwasser aus dem Schwarzwald.

OBSTBRANNTWEINE AUS KERNOBST

Obstbrände können sowohl als Obstgeist wie auch als Obstwasser hergestellt werden. Meistens dienen als Grundlage Äpfel oder Birnen. Der Mindestalkoholgehalt von Obstbränden beträgt 40 Vol.-%.

CALVADOS

Er stammt aus einem gesetzlich festgelegten Gebiet in der Normandie. Seine Basis bildet vergorener Cidre (Apfelwein), der nach der Destillation zwei bis sechs Jahre in Fässern aus Eichen- oder Kastanienholz lagert. Je nach der Lagerdauer trägt Calvados verschiedene Altersbezeichnungen:
Vieux oder Réserve: mindestens zwei Jahre
V.O. oder Vielle Réserve: mindestens drei Jahre
V.S.O.P.: mindestens vier Jahre
Extra, Napoleon: mindestens fünf Jahre
Age Inconnu, V.Y.O.: über fünf Jahre
Hors d'Age: mindestens zehn Jahre

Apfelbrände, die nicht aus dem geschützten Gebiet der Normandie kommen, tragen die Bezeichnungen Eau de vie de pomme, Apple Brandy, Apple Jack sowie Aquardiente di Sidra.
Bekannte Marken sind: Aquardiente di Sidra (spanischer Branntwein aus Äpfeln, in Sherryfässern gelagert); beim Calvados: Boulard, Dauphin, Gilbert, Prinz Robert, Père Magloire, Jules Pommier.

Ein weiterer sehr bekannter Vertreter der Kernobstbrände ist der **Williams** (auch Williamsbirne oder Williams Christ). Er wird aus der aromatischen Williams Christbirne gebrannt.
Bekannte Marken sind Schladerer, Morand, Etter, Freihof, Ziegler, Nusbaumer.

Der **Obstler** wird aus vergorenen Äpfeln und/oder Birnen hergestellt.

ARRAK

Das Wort „Arrak“ leitet sich vom arabischen „al rak“ ab und bedeutet soviel wie „Schweiß“. Der in Europa bekannteste Arrak kommt aus Java und heißt Batavia Arrak. Seine Basis bilden hauptsächlich Zuckerrohrmelasse, Reis und der Saft von Zuckerpalmen. In anderen Ländern wird Arrak aber auch aus Datteln, Feigen, Trauben, Anis und verschiedenen Fruchtsäften hergestellt. Arrak eignet sich sehr gut zum Mischen von Grogs und Punsch.

ANISÉES

„Anisées“ sind Spirituosen und Liköre mit Anisgeschmack, deren Vorläufer der Absinth war. Seine Herstellung und sein Verkauf sind in Deutschland seit 1923 verboten. Der Grund dafür war das bei der Herstellung verwendete giftige Thujon-Öl aus dem Wermutkraut. Heute benutzt man Sternanis zum Aromatisieren.
Die französische Bezeichnung für Anisées lautet Pastis.
Bekannte Anisées:
Anisette: Gewürzlikör mit Anisaroma
Ouzo: Branntwein mit Anisaroma (Griechenland)
Pernod/Ricard: Branntwein mit Anisaroma (Frankreich)
Raki: Branntwein mit Anisaroma (Türkei)

Der italienische **Sambuca** ist kein eigentlicher Anisée, sondern ein mit Anis aromatisierter Holunderbeerlikör.

BÄRWURZ

Dieser Wurzelbrand ist eine Spezialität aus dem Bayerischen Wald. Der Name stammt nicht etwa vom gleichnamigen Raubtier, sondern geht auf die Bedeutung dieses Destillates als Medizin zurück. Bärwurz wurde früher den jungen Müttern im Wochenbett gereicht, um die Schmerzen nach der Geburt zu lindern. Bärwurz kommt also von „gebären“.
Die Wurzel, die der Herstellung dient, heißt auch Mutterwurz oder wilder Fenchel.
Bärwurz hat ein ausgeprägtes Sellerieearoma und sollte eiskalt getrunken werden.
Sein berühmter naher Verwandter ist der **Enzian**, der aus der bis zu fünf Kilo schweren Wurzel des gelben Enzians hergestellt wird.

CACHAÇA

Dieser brasilianische Zuckerrohrbranntwein ist ein naher Verwandter des weißen Rums. Er wird jedoch nicht aus Zuckerrohrmelasse, sondern direkt aus dem Saft des Zuckerrohrs hergestellt. „Cachaça“ ist portugiesisch und bedeutet nichts anderes als Schnaps. Ein weiterer Unterschied zum Rum besteht darin, daß Cachaça nach der Destillation nicht (oder nur sehr selten) in Fässern gelagert wird. Weitere interessante Anmerkungen zum Thema Cachaça finden Sie bei der Rezeptur, die

Cachaça auch in Europa berühmt gemacht hat, der Caipirinha.
Bekannte Cachaça-Marken sind: Pitú, Néga Fuló, Cachaça de Caricé, Berro, Pandero.

RUM
Seine Heimat ist seit dem 17. Jahrhundert die Karibik mit den Großen und Kleinen Antillen. Cuba, Jamaika, Puerto Rico, Martinique und Barbados sind nur einige Länder bzw. Inseln, in denen Rum hergestellt wird. Zwar ist der Grundstoff zur Herstellung von Rum immer die beim Zuckersieden übrigbleibende Zuckerrohrmelasse, doch wird das Endprodukt von jedem Hersteller anders gewürzt. Dazu dienen oft Ananas, Botaya-Akazien, Rosinen, Vanille, Zimtäpfel und anderes.
Nach der Destillation der gewürzten und vergorenen Maische wird Rum verschieden gelagert: Weißer Rum lagert in Stahltanks oder vorbehandelten Fässern, die keine Farbe abgeben. Brauner Rum lagert in Eichenfässern, von deren Tannin er einen Teil seiner dunklen Farbe erhält. Oft wird Rum aber mit Zuckercouleur (karamelisierter Zucker) „nachgefärbt".
Rum wird größtenteils zum Herstellen von Cocktails und Longdrinks verwendet. Einige wenige Sorten lassen sich auch mit europäischem Geschmacksempfinden pur trinken. Dazu gehört zweifelsohne der „Bacardi 8 años", der sich ausgezeichnet dazu eignet nach dem Essen pur als Digestif getrunken zu werden.

Qualitätsbezeichnungen und deren Bedeutung:
Originalrum ist ein im Herstellungsgebiet (z. B. Jamaika = Jamaika-Rum) erzeugter Rum, der völlig unverändert in Flaschen abgefüllt und exportiert wird. Sein Alkoholgehalt beträgt 62-81 Vol.-%.
Echter Rum ist ein auf Trinkstärke von 37-54 Vol.-% herabgesetzter Originalrum.
Rumverschnitt wird mit Monopolalkohol und Wasser verschnitten. Der Mindestanteil von Originalrum muß 5 % betragen. Sein Mindestalkoholgehalt beträgt 37,5 Vol.-%.
Medium Rum ist ein mit Gewürzstoffen versetzter Originalrum.
Flavoured Rum wird auch als **Heavy Bodied Rum** oder als **High Continential Rum** bezeichnet und ist ein Originalrum, der mit unterschiedlichen Geschmacksbeigaben versetzt wird.
Export Rum ist ein auf Geschmacksrichtungen und Trinkstärken verschiedener Länder abgestimmter Originalrum.

Einige bekannte Marken: Bacardi (der bekannteste und meistgekaufte Rum der Welt), British Navy Pusser's Rum, Captain Morgan, Cockspur, Coruba, Havana Club, Lemon Hart, Mount Gay, Myers's, Negrita, Pott.

SAKE
Dies ist ein japanischer Reiswein, der ähnlich wie Rum – allerdings aus Reismelasse – hergestellt wird. Sein Alkoholgehalt beträgt 16-17 Vol.-%.

TEQUILA
Er ist die mexikanische National-Spirituose. Seine Basis ist „Pulque" (frischer vergorener Agavensaft), der zweimal destilliert wird und in Holzfässern lagert. Das Endprodukt darf sich nur Tequila nennen, wenn es in der mexikanischen Provinz „Jalisco" aus der dort wachsenden blaugrauen Maguey-Agave hergestellt wird. Agavenbrände, die aus anderen Gebieten stammen und nur einmal destilliert werden, nennt man „Mezcal".

Einige bekannte Tequila Marken: Silla, Sierra, Beso, Olmeca, Sauza, Josè Cuervo, Porfidio, Herradura.

COGNAC

Der französische Cognac ist wohl der bekannteste Branntwein der Welt. Nur wenn er aus bestimmten, gesetzlich vorgeschriebenen weißen Trauben besteht und aus dem festgelegten Gebiet um die Stadt Cognac in der Charente (nördlich von Bordeaux) stammt, darf ein Weinbrand sich Cognac nennen.
Der Wein wird zweimal im sogenannten Alambicverfahren destilliert und anschließend in Fässern aus Limousin-Eiche mindestens ein bis sechs Jahre gelagert. Es ist durchaus üblich, verschieden lange gelagerte Cognacs miteinander zu verschneiden. In manchen Spitzencognacs sind Teildestillate enthalten, die bis zu hundert Jahre alt sind.

Einige Beispiele für die Altersangaben auf den Etiketten:

Bezeichnung	**Mindestlagerzeit**
3 Sterne oder V.S.	3 Jahre
Supérieur/Grande Sélection	4 Jahre
V.O./V.S.O.P/Réserve	5 Jahre
Extra/Vielle Réserve/ Napoleon/Hors d'Age/ Cordon Rouge oder Bleu/ Très Rare	6 Jahre
Fine Champagne/X.O.	10 Jahre

Einige bekannte Marken sind: Henessy, Hine, Courvoisier, Delamain, Martell, Otard und Remy Martin, Camus.

Der **Armagnac** ist der ältere, aber unbekanntere Bruder des Cognac und darf ausschließlich aus einem genau definierten Gebiet, der Gascogne, in Frankreich stammen. Auch bei ihm gelten gesetzliche Mindestlagerzeiten.

Bezeichnung	**Mindestlagerzeit**
3 Sterne	1-3 Jahre
V.S./De Luxe	3 Jahre
Supérieur/ Grande Sélection	4 Jahre
Réserve/V.O./V.S.O.p./ Grande Fine	5 Jahre
Extra/X.O./Vielle Réserve/Hors d'Age/ Napoleon	mehr als 5 Jahre

Einige bekannte Marken sind: Prince Robert, Samalens und Prince de Granlac.

WEINBRAND

Deutscher Weinbrand darf nur aus bestimmten, gesetzlich festgelegten Rebsorten hergestellt werden. Einige deutsche Brennereien kaufen ihre Grundweine für die Destillation in Cognac und der Charente, brennen dann allerdings in Deutschland.
Die Mindestlagerzeit von Weinbrand beträgt sechs Monate, bei „Altem Weinbrand" zwölf Monate, jeweils in Eichenfässern mit maximal 1000 l Fassungsvermögen.
Einige bekannte deutsche Weinbrände sind: Asbach Uralt, Dujardin, Chantré, Mariacron, Scharlachberg und Jacobi.

Ausländische Weinbrände kommen bei uns meist als „Brandy" auf den Markt. Sehr gute Brandies stammen aus Spanien, Italien und Portugal.
Einige bekannte Marken:
Spanien: Cardenal Mendoza, Carlos I. (Pedro Domecq), Gran Duque d' Alba, Bobadilla 103
Italien: Vecchia Romagna (Buton), Stock
Portugal: Antiqua, Aquardente 1920; Barros Aquardente Velha
Griechenland: Der „Metaxa" ist der bekannteste griechische Brandy und wird in verschiedenen Qualitätsstufen angeboten. Sie unterscheiden sich nicht nur im Alter, sondern im Geschmack und im Charakter. Eine Besonderheit unter den Metaxas stellt der Metaxa Mastic dar, der nach dem Mastix-Verfahren hergestellt wird. Hierbei verarbeitet man neben dem Wein das Harz des Pistazienstrauches, Anis, Fenchel und andere Gewürze.
Südamerika: „Pisco" ist ein Brandy, der neben Peru auch in Chile und Argentinien hergestellt wird. Als Ausgangsprodukt dienen Muskateller-Trauben. Pisco (der Name stammt von der peruanischen Stadt Pisco) wird nach der Destillation in Tongefäßen gelagert, weshalb er im Gegensatz zu anderen Brandies seine wasserklare Farbe beibehält. Der bekannteste Drink mit Pisco ist der Pisco Sour (siehe Seite 24).

GRAPPA/MARC (ital./franz.)

Herkunft:
grappolo = Traube
Trester = Preßrückstände der Weinherstellung.
Rebsorten: Riesling, Müller-Thurgau, Gewürztraminer, Moscato, Chardonnay, Pinot Noir, Sauvignon Blanc, Pro Secco.
Nördliche Anbaugebiete wie Piemont, Venetien, Trentino (Südtirol) und Friaul-Julisch-Venetien werden den südlichen wie Toskana, Marken, Umbrien, Kampanien, Sardinien und Sizilien vorgezogen, da sich durch die geringe Sonneneinstrahlung die Säure weniger schnell abbaut. Dies wirkt sich sehr positiv auf die Qualität des Endproduktes aus.
Der Grappa aus nördlichen Anbaugebieten ist eleganter und feiner.
Qualitätsbewußte Winzer beeren die Trauben ab, damit keine unnötigen Bitterstoffe in den Most gelangen.
Die Lagerung ist auch bei Grappa gesetzlich geregelt. Die Mindestlagerzeit beträgt 6 Monate. Grappas, die 6 Monate in einem Faß und anschließend ein weiteres halbes Jahr in luftdichten Tanks aus Glas oder Edelstahl lagern, tragen auf dem Etikett die Bezeichnungen:
straveccia (extravagant),
riserva (von „riservare" = aufbewahren, aufsparen),
invecchiata (alt werden lassen, lagern).
Gelagert werden Grappas meistens in Fässern aus slowenischer Eiche mit einem Inhalt von 2000 bis 10 000 Litern.

Das Wort „Likör" stammt vom lateinischen Wort „liquor" (Flüssigkeit) ab. Seine Geschichte reicht zurück bis ins 13. Jahrhundert.

Liköre sind aromatisierte und mit Zucker oder Honig gesüßte Spirituosen.
Die Basis ist Äthylalkohol, der mit Duft, Geschmacks- und Farbstoffen versetzt wird. Hierbei finden Blüten, Früchte, Kräuter, Samen und Wurzeln Verwendung.
Die beiden häufigsten Verfahren bei der Herstellung von Likören sind zum einen die Mazeration, bei der die Aromaträger wie Früchte und Kräuter usw. in Alkohol ausgelaugt werden, und zum zweiten die Infusion, bei der nach der Mazeration der aromatisierte Alkohol nochmals destilliert wird.

Man unterscheidet zwischen:
Kräuterlikör (aus Kräutern),
Fruchtsaftlikör (aus Fruchtsaft),
Fruchtaromalikör (aus Fruchtteilen),
Gewürzlikör (aus Gewürzen),
Bitterlikör (aus Kräutern, Gewürzen, Früchten, Drogen und Pflanzenteilen),
Emulsionslikör/Crème (aus Sahne, Milch, Eiern und verschiedenen Geschmacksgebern wie Früchten, Kaffee, Kakao),
Whisk(e)ylikör (aus Whisk(e)y, Kräutern, Honig).

Einige bekannte Marken und deren Zuordnung:
Amaretto: Dieser italienische Likör wird aus Bittermandeln und anderen geheimen Gewürzstoffen hergestellt. Die bekannteste Marke ist Amaretto di Saronno Originale, dessen Rezept aus dem Mittelalter stammt. Man trinkt ihn entweder pur, auf Eis oder verwendet ihn als Zutat in unzähligen Drinks.
Angostura Bitter: Dieser Würzbitter wurde ursprünglich vom Heidelberger Arzt Dr. Siegert als Mittel gegen Malaria entwickelt. Seinen Namen hat er von der südamerikanischen Stadt Angostura am Orinoco-Fluß. Er wird aus Auszügen der Angosturarinde, Angelikawurzeln, Chinarinde, Gewürznelken und weiteren Aromen hergestellt. Man benutzt ihn ausschließlich tropfen- oder spritzerweise zum Aromatisieren von Drinks. Er ist dunkelbraun, extrem bitter und hat einen Alkoholgehalt von 40-48 Vol.-%.
Absinth
Der Anisbranntwein ist seit dem Inkrafttreten des Absinth-Gesetzes von 1923 in Deutschland (auch in der Schweiz und Österreich) wegen seiner Gefährlichkeit verboten. Das aus dem Wermutkraut gewonnene Giftöl Thujon mit seinem Bitterstoff Absinthin ruft Vergiftungen des Nervensystemes und weitere Nebenwirkungen hervor.
Absinth, der heute unter dieser Bezeichnung in den Handel kommt, hat außer dem Geschmack, mit der giftigen Konzentration

an Thujonöl nichts mehr mit seinem Vorgänger gemeinsam.
Anisette ist ein Gewürzlikör mit Anisaroma, der mit Sternanis und anderen Aromastoffen gewürzt wird.
Aperol ist ein klassischer Bitter-Aperitif, ähnlich wie Campari, der pur oder auf Eis mit Soda getrunken wird. Man nimmt ihn auch als Grundlage für verschiedene Drinks.
Apricot Brandy ist die englische Bezeichnung für Aprikosenlikör (ein Fruchtaromalikör), hergestellt aus Branntwein, Aprikosen, Zucker und Wasser.
Averna (Amaro Siciliano): Der italienische Bitterlikör wurde 1868 erstmals von Don Salvatore Averna in Sizilien erzeugt. „Amaro" ist italienisch und bedeutet „bitter". Averna trinkt man am besten nach dem Essen.
Bailey's Original Irish Cream ist ein Emulsionslikör, der auf Basis von Schokolade, Sahne und Irish Whiskey hergestellt wird. Er ist der unumstrittene Marktführer unter den Irish Creams.
Barack ist ein ungarischer Fruchtaromalikör (Aprikosenlikör) mit 30 Vol.-%.
Bénédictine D.O.M. ist ein französischer Kräuter- und Gewürzlikör, der erstmals 1510 vom Benediktinermönch Bernardo Vincelli in der Abtei von Fécamp/Normandie hergestellt wurde. D.O.M. (Deo Optimo Maximo) bedeutet dem größten, besten Gott (zu Ehren).
Campari ist wohl der berühmteste Bitter-Aperitif der Welt. Seit 1861 wird er in Mailand nach dem Originalrezept seines Erfinders Caspare Davide Campari hergestellt. Seine Zutaten sind ein streng gehütetes Geheimnis, nur der Extrakt, von dem der Campari seine leuchtendrote Farbe hat, ist bekannt. Es handelt sich dabei um den getrockneten Panzer der Koschenille (Scharlachschildlaus). Dieser dient übrigens auch als Farbstoff für roten Lippenstift.
Chartreuse: Der französische Kräuterlikör wird aus über 130 verschiedenen Kräutern und Gewürzstoffen zusammengestellt. Seit 1605 wurde er von den Mönchen des Klosters der Grande Chartreuse als Medizin hergestellt. Chartreuse gibt es in zwei Farben: Gelb mit 40 Vol.-% und grün mit 55 Vol.-%.
Cherry Brandy ist ein Fruchtsaftlikör, der aus Kirschsaft, Kirschwasser, Zucker, Weingeist und Wasser hergestellt wird. Sein Gehalt an Kirschsaft und Kirschwasser ist gesetzlich vorgeschrieben. Er hat einen Mindestalkoholgehalt von 25 Vol.-%. Einer der bekanntesten ist der dänische Cherry Heering.
Cointreau: Fruchtaromalikör, der aus reifen Bitterorangen (Curaçao-Orangen) und anderen Früchten hergestellt wird. Sein Alkoholgehalt beträgt 40 Vol.-%.
Crème de Cassis ist ein Fruchtsaftlikör aus schwarzen Johannisbeeren mit einem Mindestalkoholgehalt von 15 Vol.-%.
Crèmes (Crème de ...) sind Liköre, die besonders süß und dickflüssig sind. Ihr Alkoholgehalt liegt bei 25 Vol.-%. Crèmes müssen

einen Mindestzuckergehalt von 400 g pro Liter Flüssigkeit aufweisen. Der Namenszusatz verrät die Geschmacksrichtung (z. B. Crème de Cacao = Kakaogeschmack).

Curaçao wird aus getrockneten Schalen der Curaçao- Pomeranzen (Bitter-Orangen) weltweit hergestellt. Es gibt ihn farblos (Triple sec; ähnlich wie Cointreau, aber qualitativ nicht so hochwertig), grün und blau (Curaçao Blue), orange (Curaçao Dry Orange) und rot (Red Orange). Vorsicht! Die verschiedenfarbigen Curaçaos unterscheiden sich nicht nur in der Farbe, sondern auch im Zuckergehalt und Geschmack. Bekannteste Hersteller sind die Firmen Bols und Marie Brizard.

Cynar ist ein italienischer Bitter-Aperitif auf Basis von Artischocken, zahlreichen Kräutern und Alkohol.

Danziger Goldwasser ist ein Gewürzlikör in dem 22karätige Goldblättchen schwimmen. Er wird auch gerne zur Herstellung von Pralinen benutzt.

Drambuie ist ein schottischer Whisky-/ Honiglikör, dessen Basis Malt Whisky, Heidehonig und Heidekräuter bilden. Das Wort „Drambuie" leitet sich aus dem gälischen „an dram buidheach" (mundender Trank) ab. Der Legende nach bekam der Clan der MacKinans das bis dahin allein in königlichem Besitz befindliche Rezept für die Fluchthilfe von Prinz Charles Edwards im Jahre 1745. Sein Portrait befindet sich auf der Rückseite der Flasche.

Eierlikör: Dieser Emulsionslikör wird auf Basis von Eiern und Weinbrand (Weingeist) hergestellt. Bekannteste Marke ist der Verpoorten Advokaat, für den Genever als Basisspirituose dient.

Escorial ist ein deutscher Kräuterlikör der Firma Riemerschmid in Erding. Er wird in zwei Farben und Geschmacksrichtungen angeboten. Gelb mit 42 Vol.-% und grün mit 56 Vol.-%

Fernet Branca ist einer der bekanntesten italienischen Bitterliköre. Fernet Branca wird durch Mazeration von Blüten, Wurzeln und verschiedenen Kräutern in Alkohol hergestellt. Sein Alkoholgehalt beträgt 42 Vol.-%. Branca Menta hat einen ausgeprägten Pfefferminzgeschmack.

Galliano (Liquore Galliano) ist ein italienischer Kräuter-und Gewürzlikör. Er trägt den Namen des italienischen Heldenmajors Giuseppe Galliano. Zur Herstellung werden siebzig verschiedene Blüten, Kräuter und Gewürze verwendet. Galliano ist gelb und hat einen ausgeprägten Vanillegeschmack.

Grand Marnier: Von diesem französischen Fruchtaromalikör gibt es vier verschiedene Qualitätsstufen:

Cordon Jaune (mit gelbem Band) ist von guter Qualität auf Basis von Feinsprit und Curaçao-Orangen hergestellt.

Cordon Rouge (mit rotem Band) ist von sehr guter Qualität auf Basis von ausgesuchten Cognacs und Curaçao-Orangen hergestellt.

Cuvée Centenaire ist von sehr hoher Qualität auf Basis von besonders alten Cognacs und Curaçao-Orangen hergestellt.
Cuvèe Centcinquantenaire (handbemalte Flasche) wird auf Basis von Cognac höchster Qualität und Curacao-Orangen hergestellt.
Die beiden letzten aufgeführten Grand Marniers gelten unter Kennern als zwei der besten Liköre der Welt.
Grand Marnier gibt es auch als Crème de Grand Marnier und Cherry Marnier (Kirschlikör).
Irish Mist (Honig/Whiskeylikör) wird auf Basis von Irish Whiskey, Honig und Kräutern hergestellt.
Jägermeister ist ein deutscher Kräuterlikör aus 56 Kräutern, Wurzeln und Früchten mit einem Alkoholgehalt von 35 Vol.-%.
Kahlùa ist ein mexikanischer Kaffeelikör, der auf Basis von Tequila und Kaffeebohnen ohne weitere Aromastoffe hergestellt wird.
Kirschlikör ist ein Fruchtsaftlikör, bei dem im Gegensatz zu „Cherry Brandy" die Verwendung von Kirschwasser nicht vorgeschrieben ist. Einige Hersteller verwenden es aber trotzdem. Bekannte Marken sind: Eckes Edelkirsch, Prinzenkirsch (Bols).
Kwai Feh (Fruchtaromalikör): Dieser Litschilikör mit 20 Vol.-% wird auf Basis von Litschis und Curaçao-Orangen hergestellt.
Maraschino: Fruchtsaftlikör aus Marasken (dalmatinische Sauerkirschen). Er wird nicht aus Fruchtsaft und Alkohol, sondern aus Kirschwasser hergestellt. Sein Alkoholgehalt liegt je nach Hersteller bei 30-35 Vol.-%. Bekannte Marken sind: Luxardo, Bols, Marie Brizard.
Orange Bitter: Er ist ein reiner Würz-Bitter und wird genau wie Angostura ausschließlich zum Aromatisieren von Drinks benutzt. Zu seinen Basisbestandteilen gehören Pomeranzenschalen und Gin. Ein bekannter Hersteller ist Riemerschmid mit einem Alkoholgehalt von 40 Vol.-%.
Parfait Amour: Lilafarbener Fruchtaromalikör aus Veilchen und anderen exotischen Zutaten. Bekannte Hersteller sind: Bols, 30 Vol.-%; Marie Brizard, 25 Vol.-%.
Peach Brandy: Diese Pfirsichliköre können sowohl als Fruchtaroma – als auch als Fruchtsaftlikör auf Basis von frischen (oft weißen) Pfirsichen und Bittermandelöl hergestellt werden. Der Alkoholgehalt schwankt zwischen 30-35 Vol.-%. Bekannte Marken sind Peachtree, Archer's Peach, Pèche Mignon, Dolfi Pèche.
Pfefferminzlikör (Crème de Menthe) wird weiß und grün auf Basis von natürlichen Pfefferminzextrakten, Alkohol und Zucker hergestellt. Sein Alkoholgehalt liegt bei 30 Vol.-%.
Pisang Ambon: Fruchtsaft-/Fruchtaromalikör aus der indonesischen Pisang-Banane, Alkohol, tropischen Gewürzen und Zucker hergestellt, mit 22,5 Vol.-% Alkoholgehalt.
Ramazotti: Italienischer Kräuter-/Bitterlikör.
Sambuca: Italienischer Holunderbeerlikör

mit Anisgeschmack, traditionell getrunken als „Sambuca con la mosca“ („mit Fliege“). Dazu werden drei Espressobohnen mit etwas Sambuca im Glas flambiert, die Flamme gelöscht und mit Sambuca aufgefüllt. Sein Alkoholgehalt liegt je nach Hersteller bei ca. 40 Vol.-%. Bekannte Marken sind: Molinari, Ramazotti, Luxardo.

Sheridan's: Dieser irische „Doppel-Likör“ wird in einer zweigeteilten Flasche angeboten. In der einen Hälfte sind 50 cl eines tiefdunklen Kaffee-Schokoladencremelikörs mit 26 Vol.-% Alkohol. Die andere Seite enthält 20 cl einer weißen Sahnecreme mit Vanillearoma und 17 Vol.-% Alkohol. Serviert wird Sheridan's indem man zuerst 3 cl von Sheridan's Black in ein Glas gibt (man kann ihn vorher auch erhitzen) und anschließend 1 cl von Sheridan's White vorsichtig daraufgibt. Sheridan's kommt aus dem Hause R&A Baileys.

Southern Comfort: Ein amerikanischer Likör, der in keine der bisher bestehenden Likörgruppen einzuordnen ist. Er wird auf Basis von Bourbon-Whiskey, Orangen, Pfirsichen und anderen geheimen Zutaten hergestellt. Er hat einen Alkoholgehalt von 43 Vol.-% und eignet sich ausgezeichnet als Basis für Drinks.

Tia Maria: Der Kaffeelikör aus Jamaika wird nach einem über 200 Jahre alten Rezept produziert. Zur Herstellung benutzt man Jamaika-Rum, Blue Mountain Coffee, Kakao, Vanille und aromatische Kräuter. Sein Alkoholgehalt beträgt 26,5 Vol.-%.

Underberg: Der weltberühmte deutsche Bitterlikör mit 44 Vol.-% wird aus reinem Wasser, hochprozentigem Alkohol und edlen Kräutern durch warme Mazeration hergestellt.

Unicum ist ein ungarischer Bitterlikör mit 42 Vol.-%, aus über vierzig Kräutern und Wurzeln hergestellt.

Zu den versetzten Weinen zählen z. B. Sherry, Portwein und Wermut. Sie werden durch Zusätze wie Alkohol, Zucker, Kräuter, Säfte und Beeren haltbar gemacht und aromatisiert.

MADEIRA

Madeira ist ein goldgelber versetzter Wein von der portugiesischen Insel Madeira, der in vier verschiedenen Sorten (Bual = halbsüß; Verdehlo = halbtrocken; Malvasier = der Süßeste; Sercial = der Trockenste) angeboten wird.

MALAGA

Dies ist ein spanischer Südwein mit ca. 17 Vol.-%, der gerne als Dessertwein angeboten wird.

PORTWEIN

Er kommt aus einem gesetzlich abgegrenzten Gebiet Portugals, dem Duoro-Tal. Portwein wird im Verhältnis 5:1 mit Weinbrand versetzt, um die Gärung zu stoppen. Er lagert entweder in Fässern oder in Flaschen.
Rote und rubinrote Portweine werden im Faß gelagert und sind ein Verschnitt aus verschiedenen Jahrgängen. Sie schmecken jung, süß und fruchtig und eignen sich sehr gut als Dessertweine. Auch der weiße Portwein lagert mehrere Jahre im Faß, bevor er abgefüllt wird. Sein Charakter ist eher trocken und fruchtig, weshalb er als Aperitif zu empfehlen ist. Vintage Port (Jahrgangs-Portwein) wird nicht mit anderen Jahrgängen verschnitten, ist sehr schwer und „fettig". Ein Vintage wird nach der ersten Gärung in Flaschen gefüllt, in der die zweite Gärung stattfindet. Bekannte Marken sind: Sandeman, Ferreira, Taylor, Offley, Gonzales Byass, Ramos Pinto.

SHERRY

Sherry ist ein mit Weinbrand versetzter Südwein aus genau definierten Gebieten Andalusiens. Zu diesen Gebieten gehören die Städte Jerez de la Frontera und Sanlúcar de Barrameda. Sherry durchläuft zwei Gärungsprozesse und wird anschließend im sogenannten Solera-System etwa vier Jahre in Eichenfässern gelagert. Die Besonderheit dieses Lagersystems liegt darin, daß man Sherrys verschiedener Jahrgänge in mehreren Faßreihen übereinander stapelt, wobei der älteste immer ganz unten ist. Bei der Abfüllung in Flaschen leert man das unterste Faß zuerst, jedoch nur etwa zur Hälfte. Anschließend füllt man die im Faß verbleibende Menge mit Sherry aus dem darüberliegenden Faß auf. Man erreicht damit eine über Jahre hinweg gleichbleibende Qualität.
Nach der Geschmacksrichtung unterscheidet man folgende Sherrys:
Fino: Hellgoldener, trockener Sherry mit klarem Mandelaroma
Amontillado: Halbtrockener, bernsteinfarbener Sherry mit leichtem Haselnußaroma, der

auch als „Medium-" oder „Medium Dry Sherry" im Handel ist
Manzanilla: Sherry mit dem geringsten Alkoholgehalt, trocken, hat ein herbes, manchmal leicht bitteres Aroma
Oloroso: goldgelber, halbsüßer Sherry mit wuchtigem Körper und ausgeprägtem Walnußaroma.
Cream Sherry: Olorosos, die mit Süßwein verschnitten werden; sie sind von dunkler Farbe, kräftigem Körper und süß.

Sherry wird meist gekühlt als Aperitif getrunken. Cream Sherrys sollten mit Zimmertemperatur als Dessertwein angeboten werden. Bekannte Sherrymarken sind Sandeman, Tio Pepe (Gonzales Byass), Bristol Cream (Harwey's), Dry Sack (Williams & Humbert), Don Zoilo, Pedro Domecq, Emilio Lustau.

TOKAJER

Ihn gibt es nicht nur als Dessertwein, sondern auch als „normalen" Weißwein. Er hat seinen Namen von der ungarischen Stadt Tokaj. Tokajer reift bis zu sieben Jahren in Fässern, die in unterirdischen, pechschwarzen, aus Lava herausgeschlagenen Tunnels eingelagert werden. Er ist einer der süßesten Dessertweine.

WERMUT (Vermouth)

Vermouth ist ein mit Alkohol, Kräutern (z. B. Wermutkraut), Wasser, gespritztem Traubensaft und Zucker versetzter Wein aus Frankreich und Italien. Nur aus diesen beiden Ländern stammend, darf er sich Vermouth nennen. Vermouth wird vor der Abfüllung mehrere Monate in Fässern gelagert.
Nach Geschmack und Farbe gibt es verschiedene Zusatzbezeichnungen: „Dry" oder „Extra Dry" ist ein trockener, meist wasserklarer bis leicht gelblicher Vermouth mit einem Alkoholgehalt von 18 Vol.-% und maximal 40 g Zucker pro Liter. „Bianco" (weiß) und „Rosso" (rot) sind süße Vermouths mit einem Alkoholgehalt von 15,5-16 Vol.-% und bis zu 150 g Zucker pro Liter. „Rosé" ist ein halbtrockener Vermouth. Bekannte Marken sind Martini & Rossi, Cincano, Noilly Prat, Carpano Punt é Mes, St. Raphael; Dubonnet (weiß und rot) und Byrrh (rot) sind französische Aperitifs, die als Hauptgeschmacksträger Chinarinde enthalten.

Unter dieser einfachen Bezeichnung stuft man weinhaltige Getränke ein, die entweder durch Gärung (in der Flasche oder in Gärtanks) oder durch Zusatz von Kohlensäure hergestellt werden. Zu ihnen gehören auch Sekt und Champagner.
Die Flaschengrößen der verschiedenen Schaumweine tragen unterschiedliche Namen.
Quart (piccolo) 0,2 l
Demi (halbe Flasche) 0,375 l
Bouteille (normale Flasche) 0,75 l
Magnum 1,5 l
Jeroboam 3 l
Rehoboham 4,5 l
Methusalem 6 l
Salmanazar 9 l
Balthazar 12 l
Nebukadnezar 15 l (in seltenen Ausnahmefällen auch 21 l)
Nebukadnezar war übrigens ein Herrscher, der wegen seiner Unersättlichkeit (in jeder Beziehung) Geschichte schrieb. Den Namen für eine solche Flaschengröße zu wählen ist also durchaus verständlich.

CAVA
Dies ist ein spanischer Schaumwein aus dem Penedes, der nach der „Méthode Champenoise" hergestellt wird.

CHAMPAGNER
Er kommt aus der Champagne in Frankreich und wird ausschließlich im Flaschengärverfahren aus drei festgelegten Rebsorten (Pinot Noir, Pinot Meunier und Chardonnay) hergestellt.
Der einmal vergorene Most wird zur zweiten Gärung in Flaschen gefüllt, wobei man ihm Hefe zusetzt. Während des Gärprozesses (er dauert ein bis drei Jahre) werden die Flaschen langsam immer weiter gedreht, so daß die Rückstände im Inneren sich sammeln und zu Boden sinken. Wenn am Ende der Lagerzeit die Flaschen auf dem Kopf stehen und sich alle Rückstände gesammelt haben, wird der Flaschenhals geeist, wodurch die Rückstände zu einem Klumpen gefrieren. Nun wird die Flasche entkorkt und der Klumpen durch den während der Gärung entstandenen Kohlensäuredruck herausgeschleudert (Degorgieren). Nach der nun folgenden „Dosage" (Zusatz von Zucker) wird die Flasche verkorkt.
Dieses Verfahren nennt man „Méthode Champenoise". Es wurde vom Benediktinermönch Dom Pérignon (1639-1715) in der Abtei Hautvillier erfunden. Noch heute trägt ein ausgezeichneter Jahrgangschampagner seinen Namen.
Je nach Dosage unterscheidet man bei Schaumweinen folgende Geschmacksrichtungen:
Extra brut = sehr trocken (bis 6 g Zucker pro Liter)
Brut = sehr trocken bis trocken (bis 15 g Zucker pro Liter)

Extra Dry = trocken bis halbtrocken (12-20 g Zucker pro Liter)
Sec = halbtrocken bis süß (17-35 Gramm Zucker pro Liter)
Demi sec = süß (33-50 g Zucker pro Liter)
Doux = sehr süß (mehr als 50 g Zucker pro Liter)
Einige bekannte Champagner-Marken: Bollinger, Canard-Duchène, Veuve Clicquot, Deutz & Geldermann, Heidsieck Monopole, Charles Heidsieck, Krug, Lanson, Laurent Perrier, Moèt & Chandon, Mumm, Perrier-Jouèt, Piper Heidsieck, Pol Roger, Roederer, Taittinger, Pommery.

KRIMSEKT

Er wird aus Muskatellertrauben von der russischen Halbinsel Krim im Flaschengärverfahren hergestellt.

SEKT

Sekt ist ein in Deutschland hergestellter Qualitätsschaumwein, der nach einer sechsmonatigen Mindestlagerzeit mit behördlicher Prüfung eine Prüfnummer auf dem Etikett erhält. Die letzten beiden Ziffern dieser Prüfnummer bezeichnen das Herstellungsjahr (z. B. A.P. Nr. RH 103 04 93 = Herstellungsjahr 1993). Sekt wird sowohl nach der Méthode Champenoise als auch im Transvasier- und Tankgärverfahren hergestellt. Die letzten beiden Verfahren unterscheiden sich von der Méthode Champenoise darin, daß der zweite Gärvorgang, die Entfernung der Trübstoffe sowie die Zusetzung der Dosage in großen Stahltanks vollzogen wird und man den Sekt erst dann in Flaschen füllt und verkorkt.
Einige bekannte Sektmarken: Deinhard, Deutz & Geldermann, Fürst von Metternich, Henkell, Kupferberg, Matheus Müller (MM), Söhnlein, Schlumberger, Mumm.

SPUMANTE

Spumante ist ein italienischer Naturschaumwein und trägt oft den Namen der Stadt Asti im Weinbaugebiet Piemont. „Spumante“ bedeutet soviel wie sprudelnd und perlend.
Als **Asti Spumante** ist er lieblich bis süß mit ausgeprägtem Muskatellerbukett.
Der **Spumante Secco** (secco = trocken) wird häufig aus der venezianischen Prosecco-Rebe gekeltert und ist, wie sein Name schon sagt, trocken.
Beide werden entweder im Tankgärverfahren oder nach der „metodo classico“ (entspricht der Méthode Champenoise) hergestellt.

PROSECCO

Prosecco (benannt nach der gleichnamigen Rebsorte) wird wie vorher beschrieben entweder zu Spumante secco verarbeitet oder einfach mit Kohlensäure versetzt in Flaschen abgefüllt.

Sirups

Im gut sortierten Einzelhandel finden Sie eine Vielzahl verschiedener Sirups. Zuckersirup, den man auch als Läuterzucker bezeichnet, läßt sich, wie auf Seite 139 beschrieben, leicht selbst herstellen.

Darüber hinaus werden viele andere Geschmacksrichtungen wie z. B. Mandel, Kokos, Limette, Erdbeere, Grenadine, Maracuja, Ananas, Mango und Papaya angeboten. Zwei ähnliche Produkte, bei denen es sich nicht um herkömmliche Sirups handelt, sind die Cream of Coconut (z. B. Coco-Tara) und Rose's Lime Juice.

Bei der Kokosnußcreme werden gegenüber dem aromatisierten Zuckersirup mit Kokosgeschmack reines Kokosmark und Kokosöl verabeitet. Sie ist geschmacksintensiver als Sirup.

Rose's Lime Juice sollte keinesfalls als Ersatz für Limettensirup gesehen werden, da es als Ingredienz für Drinks erstens ein völlig anderes Geschmacksverhalten aufweist und außerdem weniger Zucker enhält.

Bekannte und qualitativ hochwertige Sirups gibt es z. B. von den Firmen Riemerschmid und Monin, d'arbo und Giffard.

Einer der jüngsten Sirups (wenn auch nicht immer unter dieser Bezeichnung auf dem Markt) ist der Curaçao Bleu alkoholfrei. Er wird auf Basis von Zucker, Wasser, Zitrusfrüchten und Farbstoff hergestellt. Ihn gibt es von den Firmen Riemerschmid, Monin, d'arbo, Giffard und Bardinet.

Register